Diogenes Taschenbuch 21437

E. W. Heine

Wer ermordete Mozart? Wer enthauptete Haydn?

Mordgeschichten für Musikfreunde

Diogenes

Die Erstausgabe erschien 1984 im Diogenes Verlag
Umschlagillustration und Vignetten von E.W. Heine

*Wenn auch nicht mehr uns beschert ist
als noch ein Rundgang zu zwei'n.
Für Ernst Rolf Detert*

Veröffentlicht als Diogenes Taschenbuch, 1986
Alle Rechte vorbehalten
Copyright © 1984 by
Diogenes Verlag AG Zürich
150/86/8/1
ISBN 3 257 21437 5

Inhalt

Vorwort 7
Wer ermordete Mozart? 9
Wer enthauptete Haydn? 39
Warum schwieg Paganini? 53
Wer schickte Tschaikowsky in den Tod? 75
Wer half Hector Berlioz? 89
Wie wurde die Duncan erdrosselt? 101

Vorwort

Diese Fälle wurden von keinem Krimi-Autor erfunden. Es handelt sich um wahre Begebenheiten aus der Welt der Musik. Inspektor und Untersuchungsrichter sind Sie, der Leser. Wir liefern Ihnen die Fakten. Lassen Sie uns versuchen, die geheimnisvollen Vorgänge und Morde gemeinsam zu lösen. Sagen Sie jetzt nicht: Das läßt sich nach fast zweihundert

Jahren nicht mehr nachweisen. Den Gesetzen der Logik sind keine Grenzen gesetzt, weder zeitliche noch räumliche. Von Sternen, die viele Lichtjahre entfernt sind, kennen wir die genaue stoffliche Zusammensetzung. Wir kennen die Lebensgewohnheiten von Lebewesen, die vor hunderttausend Jahren ausgestorben sind. Nein, die Gesetze der Logik kennen keine Grenzen. Lassen Sie uns alle Fakten so unvoreingenommen prüfen wie die gegebenen Größen einer Rechenaufgabe. Je gründlicher man sich mit jedem Fall befaßt, um so deutlicher tritt in Erscheinung, daß es nur eine Möglichkeit gibt, in der alle scheinbaren Gegensätze einen Sinn ergeben. Wenn aber in der Mathematik eine Gleichung mit mehreren Unbekannten nur bei einer einzigen Annahme aufgeht, so nennt man diese die richtige Lösung.

Unsere Fragen lauten:
Wer ermordete Mozart?
Wer enthauptete Haydn?

Wer ermordete Mozart?

In der Nacht vom vierten zum fünften Dezember schneite es so heftig wie seit vielen Jahren nicht mehr. Als kurz nach Mitternacht das Flockengewirbel verebbte, lag Grabesstille über dem Donautal. Der Schnee pappte auf den alten Dächern der Kaiserstadt wie nasse Watte. Nicht weit vom Deutschherrenhaus in der Rauhensteingasse flackerte Kerzenlicht hinter den Eisblumen der blinden Fenster. In der erstarrten Stille der Winternacht verbrannte der Körper eines jungen Mannes in tödlichen Fieberschauern. Als aus der Richtung von Sankt Stephan die zweite Stunde des neuen Tages ausgeläutet wurde, war der Mann tot. Im kalten Dämmerlicht des Morgens wurde er gewaschen und aufgebahrt.

> Name: Wolfgang Amadeus Mozart
> Beruf: Musiker
> Tatort: Wien, 5. 12. 1791
> Todesursache: Tod durch Gift
> Täter: Unbekannt

Die Mehrzahl aller Mozartbiographen ist sich darin einig, daß Mozart vergiftet wurde. Der Verdacht entstand bereits unmittelbar nach Mozarts Tod. Und in der Tat sprechen so viele Indizien für einen gewaltsamen Tod, daß jedes Gericht der Gegenwart Mordanklage erheben müßte. Lassen Sie uns das Versäumte nachholen! Da uns erst heute das Gesamtmaterial dieses Falles zur Verfügung steht, so ergeben sich neue Aspekte.

Vor uns liegt die erst kürzlich erschienene Gesamtausgabe in vier Bänden, herausgegeben von der Internationalen Stiftung Mozarteum Salzburg: Mozart, Briefe und Aufzeichnungen. Vor uns liegt die Gerichtsakte Mozart. Dieser Fall wurde von keinem

Krimi-Autor erfunden. Inspektor und Untersuchungsrichter sind Sie. Wir liefern Ihnen die Fakten. Lassen Sie uns versuchen, den Mord gemeinsam zu lösen.

Was geschah in der Nacht vom vierten zum fünften Dezember 1791 in der Rauhensteingasse in Wien?

Sagen Sie jetzt nicht: Das läßt sich nach fast zweihundert Jahren nicht mehr nachweisen. Den Gesetzen der Logik sind keine Grenzen gesetzt, weder zeitliche noch räumliche. Von Sternen, die viele Lichtjahre entfernt sind, kennen wir die genaue stoffliche Zusammensetzung. Wir kennen die Lebensgewohnheiten von Lebewesen, die vor hunderttausend Jahren ausgestorben sind. Nein, die Gesetze der Logik kennen keine Grenzen!

Ihre erste Frage muß lauten: Was ereignete sich in jener Nacht? Welche Augenzeugenberichte besitzen wir? Mozarts Schwägerin, Sophie Haibl, hat das Geschehen dreiunddreißig Jahre später aus dem Gedächtnis niedergeschrieben. Diese oft zitierte Zeugenaussage ist wertlos. Sie ist nicht höher zu bewerten als die verklärte liebevolle Erinnerung einer siebzigjährigen Witwe an ihren Seligen, der für immer verschied, als sie vierunddreißig war.

Wurde denn kein Arzt gerufen? fragen Sie jetzt logischerweise.

Der behandelnde Arzt befand sich an jenem Abend im Theater. Als man nach ihm schickte, versprach er seinen Besuch nach der Vorstellung.

Unerhört, sagen Sie mit Recht, und was geschah dann?

Der Arzt kam gegen elf und verordnete dem Todgeweihten eiskalte Umschläge. Dieser Mann muß ein unglaublicher Stümper gewesen sein. Es steht fest, daß er mit dieser Behandlung den Tod seines Patienten beschleunigt hat.

Könnte man sagen, so werden Sie jetzt fragen, daß der Arzt mit dieser Roßkur den Tod verursacht hat? Dann hätten wir einen Fall von fahrlässiger Tötung. Oder hat er gar vorsätzlich getötet?

Er hat den Tod beschleunigt, aber nicht verursacht und ganz gewiß nicht vorsätzlich, denn er hatte kein Motiv.

Außerdem, so könnten Sie jetzt einwenden, befinden wir uns im achtzehnten Jahrhundert. Die Medizin war gewiß noch viel primitiver als heute.

Das ist ein berechtigter Einwand. Wir ziehen einen medizinischen Gutachter hinzu und erfahren, daß sich die Medizin zu Ende des achtzehnten Jahrhunderts durchaus nicht mehr in primitiven Bahnen bewegte.

In der neuen Wiener Medizinischen Schule hatte der Arzt Anton de Haen im Jahre 1770 sein achtzehnbändiges Werk veröffentlicht, das eine vollständige Sammlung aller Krankheitsbilder, Krankengeschichten und Todesursachen darstellte. Die meisten Erkenntnisse dieses Buches haben bis in die Gegenwart nichts an ihrer Gültigkeit verloren. Wien war seit der Berufung des genialen Leidener Professors Gerard van Swieten durch Maria Theresia weltführend auf dem Gebiet der Medizin. Übrigens war Mozart mit dem Sohn von Professor van Swieten eng befreundet. Diese Freundschaft wird in unserem Fall noch eine Rolle spielen.

Ihre nächste Frage lautet: Woran ist Mozart gestorben? Welche Todesursache lag vor? Man stirbt nicht grundlos an der Schwelle zum besten Mannesalter mit fünfunddreißig Jahren.

Der Arzt verordnete Eisbeutel und ging. Zwei Stunden später war sein Patient tot. Es wurde kein Arzt zur Untersuchung der Todesursache hinzugezogen. Das ist im Hinblick auf die Jugend des Toten äußerst ungewöhnlich. Wenn auch die Ausstellung eines Totenscheines durch einen Arzt noch nicht gesetzlich vorgeschrieben war, so pflegte man in Wien doch allgemein einen Arzt zu rufen, wenn die Todesursache nicht offen auf der Hand lag. Bei dem hohen Stand der Medizin wäre man sehr wohl in der Lage gewesen, die Todesursache an Hand einer Obduktion exakt festzustellen. Das ist nicht geschehen.

Für dieses Verhalten gibt es zwei Gründe. Entweder man kannte die Todesursache so genau, daß es sich erübrigte, einen zusätzlichen Arzt kommen zu lassen, oder man wollte etwas vertuschen und fürchtete die medizinische Untersuchung. Gegen die letzte Annahme spricht die Tatsache, daß man den behandelnden Arzt noch am späten Abend aus dem Theater rufen ließ. Hätten die Angehörigen Mozarts ein schlechtes Gewissen gehabt, so hätten sie nicht noch zwei Stunden vor Todeseintritt einen Arzt hinzugezogen. Andererseits spricht aber sehr vieles dafür, daß gewisse Hinterbliebene ein schlechtes Gewissen hatten, denn sie taten alles, um eine postume Examinierung des Toten zu verhindern.

Obwohl Mozart kein Unbekannter in Wien war und obwohl er viele wohlhabende Freunde und Gönner hatte, die ihn zu Lebzeiten unterstützt haben, wurde er in einem Armengrab bestattet. Das heißt, er wurde völlig anonym mit anderen Mittellosen ohne Grabstein auf einem Totenacker vergraben, so daß sich schon nach kurzer Zeit seine letzte Ruhestätte nicht mehr mit Sicherheit feststellen ließ. Auf diese gegensätzliche Verhaltensweise werden wir später noch einmal zurückgreifen.

Zunächst einmal muß Ihre Frage lauten: Wer hatte ein berechtigtes Interesse daran, Mozart zu töten? Wer hatte ein Motiv?

Bis in die Gegenwart werden in der Reihenfolge der Verdächtigen an erster Stelle die Freimaurer genannt. Angeklagt sind die Freimaurer, eine freigeistige mystische Vereinigung von Männern mit dem Ideal einer weltbürgerlichen Bruderschaft. Gegründet in England. Seit 1736 in Deutschland. An der Spitze einer bis zu dreiunddreißig Graden aufsteigenden Hierarchie steht der Meister vom Stuhl.

Mozart war Mitglied der Wiener Loge.

Aus welchem Grund sollten die Freimaurer einen ihrer aktivsten und begabtesten Logenbrüder vergiften?

Es wird bis in die Gegenwart behauptet, daß Mozart mit seiner letzten Oper, der ›Zauberflöte‹, streng gehütete Einweihungsgeheimnisse der Freimaurer verraten und dafür mit dem Tod gebüßt habe.

Gibt es solche Einweihungsgeheimnisse bei den Logen?

Es gibt sie. Ähnlich wie in den alten Mysterien-Kulten Ägyptens und der Antike werden die Freimaurer beim Aufstieg in die höheren Grade zu Eingeweihten. Elemente dieses uralten Rituals leben noch in der Priesterweihe der katholischen Kirche und vor allem bei den Medizinmännern der Naturvölker Afrikas. Wer hier die Initiationsgeheimnisse an Uneingeweihte verrät, ist des Todes. Dabei spielen in allen Fällen die Urelemente Feuer und Wasser eine bedeutsame Rolle. In der Zauberflöte unterwirft sich Tamino diesem geheimnisvollen Gang durch die Elemente. Er empfängt die Weihen, die dem oberflächlichen Papageno versagt bleiben. Die Zauberflöte lebt von dieser dunklen symbolhaften Sprache. Es würde zu weit führen, hier die gesamte, tief im Freimaurertum verwurzelte Symbolik der Zauberflöte erläutern zu wollen, aber sie ist ohne Zweifel vorhanden.

War es den Freimaurern verboten, über diese Geheimnisse der Einweihung zu sprechen?

Sie leisteten einen feierlichen Eid auf die Bibel, diese Mysterien nicht zu verraten. Also war die Zauberflöte ein Verrat, für den Mozart mit dem Leben büßen mußte.

Das Freimaurertum wird nicht nur von der katholischen Kirche abgelehnt. In einem Europa der Nationalstaaten war ein Bruderbund, der sich über alle Staatsgrenzen als Weltbürgertum verstand, fast schon so etwas wie Hochverrat. Da sich auch das Judentum durch seine überregionale Verbreitung als Weltbürgertum begriff, wurden schon bald Freimaurer und Juden in einen Topf geworfen. Sie wurden gemeinsam verleumdet und unter Hitler sogar verfolgt. Hier liegt die Wurzel der Behauptung: Die Freimaurer haben Mozart vergiftet.

Diese Lüge läßt sich leicht widerlegen. Der Text der Zauberflöte oder das Libretto, wie man zu seiner Zeit sagte, wurde nicht von Mozart geschrieben, sondern von Schikaneder. Mozart vertonte den Text eines anderen und konnte somit gar nichts verraten. Schikaneder starb fast ein Vierteljahrhundert nach Mozart im Alter von einundsechzig Jahren. Niemand hat ihm je nach dem Leben getrachtet. Es steht einwandfrei fest: Die Freimaurer haben mit dem Tod Mozarts nichts zu tun. Es gibt kein Motiv.

Welche anderen Anhaltspunkte gibt es?

Bereits unter Mozarts Zeitgenossen verbreitete sich der Verdacht, daß Salieri ihn vergiftet habe. Es ging in späteren Jahren sogar das Gerücht um, Salieri habe den Mord an Mozart auf dem Totenbett gestanden. Wie das aber meistens bei Kaffeehausgerüchten dieser Art ist, gab es nicht einen Augenzeugen und erst recht keinen schriftlichen Beleg für diese ungeheuerliche Behauptung. Wer war dieser Salieri?

Antonio Salieri, italienischer Komponist,
geboren am 18. August 1750 in Legnano,
gestorben am 7. Mai 1825 in Wien

Er war Schüler von Gluck und Lehrer von Beethoven, Schubert und Liszt. Als Hofkomponist und kaiserlicher Kapellmeister verfaßte er neununddreißig Opern und zahllose Oratorien, Instrumentalwerke, Messen und Kantaten.

Hatte der Angeklagte ein Motiv?

Er galt allgemein als der Rivale des Ermordeten. Man sagt, er tat alles, um zu verhindern, daß Mozart eine feste Anstellung bei Hof bekam.

Das wäre ein Motiv für Mozart gewesen, Salieri umzubringen, aber nicht umgekehrt.

Salieri befand sich Mozart gegenüber stets im Vorteil. Er bekleidete eine besser bezahlte und höher angesehene Position bei Hof als Mozart. Er war der Erfolgreichere.

Und wie war das Verhältnis zur Tatzeit?

Im Februar 1790 starb der musisch interessierte Kaiser Joseph der Zweite, dem Wien unter anderem das Burgtheater verdankt. Neuer Monarch war Leopold der Zweite, ein Bruder des Verstorbenen. Salieri, der wußte, daß der neue Herrscher ihn nicht mochte, trat von seinem Amt als Hofkapellmeister zurück. Mozart bemühte sich um den freigewordenen Posten, jedoch vergeblich. Leopold nahm keine Notiz von ihm. Mozart ging es so erbärmlich, daß er sich mit Wucherern einlassen mußte. Er reiste Ende September nach Frankfurt zur Kaiserkrönung, nachdem er sein Tafelsilber verpfändet hatte. Mozart schien sich von dieser Reise in die Krönungsstadt, in der es von allen Großen des Reiches nur so wimmelte, sehr viel erhofft zu haben. Die Reise wurde ein Mißerfolg. Die Matinee, die er im Frankfurter Schauspielhaus geben durfte, war schlecht besucht. In Wien war der Figaro endgültig vom Spielplan abgesetzt worden. So seichte Stücke wie ›Doktor und Apotheker‹ oder ›Liebe im Narrenhaus‹ von einem gewissen Dittersdorf hatten Mozarts Opern an Beliebtheit weit überholt. Mozart war im letzten Jahr seines Lebens so erfolglos, daß sich beim besten Willen nicht die Spur einer Rivalität zwischen ihm und Salieri entdecken läßt, und schon gar nicht das Tatmotiv für einen Mord.

Da Mozart ja nicht im Affekt erschlagen wurde, sondern über einen Zeitraum von mehreren Monaten Gift erhielt, kann ihm nur eine sehr nahestehende Person nach dem Leben getrachtet haben.

Dabei fällt der nächstliegende Verdacht auf seine Frau.

> Constanze Mozart, geborene Weber,
> geboren 1762 in Wien,
> gestorben 1842 in Salzburg

Sie war neun Jahre mit Mozart verheiratet und überlebte ihn um ein halbes Jahrhundert. Als Mozart sie heiratete, war sie zwanzig Jahre alt.

Mozart beschreibt sie in einem Brief an seinen Vater: »Sie ist nicht häßlich, aber auch nichts weniger als schön. Ihre ganze Schönheit besteht in zwei kleinen schwarzen Augen und einem schönen Wachstum.« Das Bildnis, das ihr Schwager Lange nach der Hochzeit malte, zeigt ein durchschnittliches Bürgermädchen. 1789 gibt Mozart als Grund für seine Hochzeit an erster Stelle den Wunsch nach gestopften Strümpfen und reinlicher Wäsche an. Es war von beiden Seiten keine Liebe auf den ersten Blick, keine Leidenschaft, die zum Mord führen könnte. Mozart nannte sie in seinen späteren Briefen »mein Weibchen«, und in der Tat war sie der Prototyp eines Weibchens. Sie liebte das harmlose oberflächliche Vergnügen und war sehr anpassungsfähig. In neunjähriger Ehe gebar sie sechs Kinder, von denen die meisten kurz nach der Geburt starben. Sie war nicht die Frau, die aus verzehrender Leidenschaft zu einem anderen ihren Ehemann vergiftet. Die Ehe war trotz ständiger finanzieller Sorgen glücklich. Zahllose Briefe beweisen das. Damit entfällt auch Mord aus unüberwindlicher Abneigung. Geld als Tatmotiv scheidet erst recht aus. Mozart hatte mehr Schulden als Kapital. Sein Tod brachte seiner Frau nur Nachteile und keinen Gewinn.

Welche anderen Freunde hatte Mozart, die ihm so nahestanden, daß sie ihm Gift in regelmäßigen Abständen hätten verabreichen können?

Johann Emanuel Schikaneder,
Schauspieldirektor in Wien,
geboren am 1. 9. 1757 in Straubingen,
gestorben am 21. 9. 1812 in Wien

Er war Sänger, Schauspieler, Regisseur und Schriftsteller. Er schrieb nicht nur den Text der Zauberflöte, er führte auch Regie und sang bei der Uraufführung die Hauptrolle des Papageno.

Als bei dieser Aufführung am 30. September 1791 nach dem ersten Akt das Publikum kaum ein Zeichen von Applaus vernehmen ließ, bemühte sich Schikaneder um den völlig verzweifelten Mozart wie um einen Bruder. Um Mozarts Stimmung zu heben, arrangierte Schikaneder ausgelassene Abende im Kreise von Theaterfachleuten. Er war der einzige, der Mozarts Werke subskribierte, bevor sie vollendet waren. Wenn überhaupt ein Mord zwischen diesen beiden Freunden denkbar ist, so hätte Mozart mehr Grund gehabt den Schikaneder zu vergiften als umgekehrt, denn Schikaneder verdiente mehr an den Opern als Mozart selber. Nein, Schikaneder hatte weiß Gott kein Motiv für einen Giftmord.

Als nächster vorgeführt wird der Freund und Logenbruder

Michael Puchberg,
geboren 1750 in Prag,
gestorben 1811 in Innsbruck

Schon einen Monat nach der Uraufführung von Don Giovanni war Mozart gezwungen, an Puchberg zu schreiben: »Liebster Bruder, ich bin Ihnen noch acht Dukaten schuldig. Überdies, da ich dermaßen außerstande bin, sie Ihnen zurückzuzahlen, so geht mein Vorhaben gegen Sie so weit, daß ich Sie zu bitten wage, mir bis künftige Woche mit hundert Gulden auszuhelfen.«

Die Hilferufe an Michael Puchberg wurden im Laufe der Zeit immer häufiger und erschütternder: »Ich hatte nicht das Herz vor Ihnen zu erscheinen, da ich gezwungen bin, Ihnen zu gestehen, daß ich Ihnen das Geliehene unmöglich bald zurückzahlen kann. Wenn Sie mir in meiner Lage nicht nochmals helfen, so verliere ich meine Ehre und Kredit.«

Puchberg half, wo er konnte.

Wäre es denkbar, daß Michael Puchberg die mit der Zeit erheblich angewachsenen Schulden mit Gewalt zurückforderte?

Nur ein lebendiger Mozart wäre in der Lage gewesen, seine Schulden zurückzuzahlen. Puchberg glaubte an Mozart. Er war ein großer Musikkenner und förderte seinen Logenbruder, soweit es in seiner

Macht stand. Mozarts Tod brachte ihm nur Nachteile.

Nein, er hatte kein Motiv.

Alle bisher von den Biographen hervorgebrachten Verdächtigungen erwiesen sich als so fadenscheinig, daß sie vor keinem ordentlichen Gericht der Erde bestehen könnten. Starb Mozart also doch eines natürlichen Todes? Irrten Mozarts Biographen, die bis in die Gegenwart immer wieder behaupteten, Mozart sei vergiftet worden?

1963 schrieb Dieter Kerner: »Der rapid einsetzende Verfall, der jähe Tod bedürfen einer besseren Erklärung, als die verschieden gedeuteten Leiden ihm geben. Heute muß man es für mehr als möglich halten, daß Mozart vergiftet wurde. Das Krankheitsbild einer subakuten Quecksilbervergiftung ist nahezu vollständig.«

Eine ganze Reihe von Ärzten, die sich nachträglich mit dem Sterben Mozarts befaßt haben – darunter sind so berühmte Namen wie Virchow und Sauerbruch –, bestätigen die Quecksilbervergiftung.

Der geschlossenen Gruppe von Ärzten, die zu den Verfechtern der Giftmordtheorie gehören, steht – wie kann es bei Medizinern anders sein – eine zweite gegenüber, deren Anhänger anderer Meinung sind. So sieht Bär die Todesursache in einem rheumatischen Entzündungsfieber. Böhme glaubt an ein Nierenleiden und plädiert für finale Urämie. Andere, wie Holz, sprechen von chronischer Nephritis mit Nierenversagen und wieder andere von Niereninsuffizienz mit Hydrops.

Zum Beweis für die chronische Nierenerkrankung führen sie allesamt »die allmählich in Ödeme übergehende Korpulenz« an, die für Nierenleiden typisch sei.

Dagegen spricht jedoch die nicht wegzudiskutierende Tatsache, daß die Ärzte, die Mozart zu Lebzeiten untersuchten, nichts dergleichen festgestellt und behandelt haben. Dabei gibt es gerade bei der chronischen Nierenerkrankung eine ganze Reihe von untrüglichen, meßbaren und sogar äußerlich sichtbaren Hinweisen, die der Medizin schon lange vor Mozarts Zeiten recht wohl bekannt waren.

Wenn heute Mozartforscher zum Beweis der Nierensymptomatik Mozartbildnisse heranziehen – wie es ständig geschieht –, so ist das ein albernes Unterfangen. Diese Gemälde haben nicht den geringsten Zeugenwert. Die meisten Portraits stammen aus zweiter Hand und wurden nach Mozarts Tod angefertigt. Vor allem aber wurden sie alle bewußt verfälscht, denn der Zeitgeschmack forderte nicht Realismus, sondern Gefälligkeit. So wurde Mozarts große klobige Nase auf allen Bildnissen abgeschwächt. Seine atavistische linke Ohrmuschel wurde grundsätzlich von der Perücke zugedeckt. Die tiefeingegrabenen Blatternnarben wurden völlig weggezaubert. Dem Schönheitsideal des achtzehnten Jahrhunderts entsprechend wurden die Augen immer übergroß dargestellt. Es ist dilettantisch, wenn man immer wieder versucht hat, daraus einen Morbus Basedow abzulesen.

Aloys Greither weist bei den Profildarstellungen auf das Doppelkinn hin. Für einen siebenundzwanzigjährigen Mann sei das eine auffallende Korpulenzerscheinung. Er spricht von Gedunsenheit, Fettsucht und Ödem. Auch das ist ein Trugschluß. Barock und Rokoko hatten eine Einstellung zum Doppelkinn wie wir zum Busen. Zum Portrait einer Persönlichkeit gehörte das Doppelkinn wie der üppige Busen bei der Darstellung einer modernen jungen Frau, unabhängig davon, ob sie einen hat oder nicht. Er gehört einfach dazu. Zu Mozarts Zeiten hatten selbst Engel und Kinder ein Doppelkinn, ohne unter Basedow oder unter Nierenversagen zu leiden.

Im Falle Mozarts handelte es sich nicht um ein chronisches Nierensiechtum, das einige Mozartforscher bereits während der Italienreise 1769 erkennen wollen. Wahr und beweisbar ist vielmehr, daß Mozart seit 1789 auffallend häufig das Bett hüten mußte. Hildesheimer spricht von körperlichem

Verfall. Diesen erkennt man auch an der mageren schöpferischen Produktion. Mozarts Schaffenskraft erlitt in seinen letzten beiden Lebensjahren erhebliche Einbußen. Im Köchelverzeichnis findet man achtundzwanzig Neuschöpfungen aus dem Jahre 1787 und siebenundvierzig aus dem Jahre 1788. 1789 sind es nur noch siebzehn und 1790 nur noch elf. 1787 hatte er den ›Don Giovanni‹ komponiert, und obwohl er 1788 keine Oper schrieb, muß dieses Jahr in vieler Hinsicht als der Höhepunkt seines Schaffens angesehen werden. Mozarts schöpferischer Aufstieg wurde abrupt unterbrochen. Ziemlich genau läßt sich das Datum erkennen, von dem ab Mozart mit Quecksilber vergiftet wurde. Von da an war Mozart krank, depressiv, verfolgt von der Gewißheit, seinem Todesboten begegnet zu sein.

Gibt es im Mordfall Mozart einen großen Unbekannten?

Es gibt ihn. Ein halbes Jahr vor Mozarts Tod erschien unter geheimnisvollen Umständen ein Unbekannter bei ihm und bestellte die Komposition einer Totenmesse, ein Requiem. Dieser graue Bote, wie Mozart ihn angsterfüllt nannte, weigerte sich, seinen Auftraggeber zu nennen, und verschwand in der Nacht.

Mozart, der zu mehreren Personen über diesen grauen Boten sprach, war davon überzeugt, daß der

Unbekannte ihm den nahen Tod angekündigt habe und daß das bestellte Requiem sein eigenes sei. Diese Idee verfolgte ihn Tag und Nacht, und wirklich ist er ein paar Monate später unter den Klängen seines Requiems gestorben.

Wer hatte ein Motiv, Mozart zu töten und diesen Tod auf so geheimnisvolle Weise anzukündigen?

Gibt es diesen grauen Boten wirklich?

Mozart hat so oft von diesem Herold des Todes gesprochen, daß an seiner Existenz nicht gezweifelt werden kann. Er ist ihm sogar mehrmals erschienen.

Vier Wochen nachdem Mozart den Auftrag für die Oper ›La Clemenza di Tito‹ erhalten hatte, reiste er nach Prag. Ehe die Kutsche anfuhr, stand plötzlich wieder der Unbekannte vor ihm und erinnerte ihn an das Requiem. Die Arbeit an der Zauberflöte wurde gehemmt durch die panische Angst, die ihn mit dem geheimnisvollen Requiem-Auftrag befallen hatte.

Todesahnungen lähmten ihn. Wenige Tage vor seinem Tod sagte Mozart zu Constanze unter Tränen: »Mit mir dauert es nicht mehr lange. Man hat mir Gift gegeben.«

Trotz dieser ungeheuren Behauptung hat Constanze nichts unternommen, um den Tod ihres geliebten Mannes aufzuklären. Im Gegenteil, sie hat mit ihrer Zustimmung für das Armenbegräbnis alles getan, um eine postume Aufklärung der Todesursache zu verhindern. Wie ist das möglich?

Je länger man sich mit dem Mordfall Mozart befaßt, um so deutlicher tritt in Erscheinung, daß es nur eine einzige Möglichkeit gibt, in der all die scheinbaren Gegensätze möglich sind und einen realistischen Sinn ergeben. Wenn in der Mathematik eine Gleichung mit einer Unbekannten nur bei einer einzigen Annahme aufgeht, so nennt man dieses Ergebnis die richtige Lösung.

Nehmen wir einmal an, Mozart habe sich die Syphilis geholt. Constanze spricht von Ehesünden und Seitensprüngen während des Faschings, die sie »Stubenmädeleien« nennt. Von diesen Stubenmädeln, die in zeitgenössischen Berichten als »junge hübsche Dinger« bezeichnet werden, heißt es: »Sie hüpfen durch das Leben, ohne selbst zu wissen, wie ihnen dabei geschieht und wozu sie eigentlich da sind.« In Wahrheit wußten sie das sehr genau! Während der Bälle und Maskenfeste verbreiteten sie in so erschreckender Weise die französische Lustseuche, daß bereits Maria Theresia versucht hatte, diesem gefährlichen Treiben ein Ende zu bereiten. Sie ließ kurzerhand alle stadtbekannten Liebesdienerinnen verhaften und auf dem Balkan ansiedeln.

Die zweite Hälfte des achtzehnten Jahrhunderts

hatte eine seltsame doppelbödige Moral. Man genoß einander, ohne zu lieben, und trennte sich, ohne zu hassen. Man verführte und ließ sich verführen. Die Erotik war ein oberflächliches Gesellschaftsspiel mit festen Spielregeln. Eine Geliebte, die ein Kind bekam, oder ein Galan, der sich mit Syphilis infizierte, verstieß gegen die Spielregeln des guten Geschmacks. Sie fielen der Lächerlichkeit und dem boshaften Spott anheim.

Nur so versteht man, wenn es in einem zeitgenössischen Bericht heißt, daß »ein nicht verstummendes Gerede über Mozart umlief, bösartiges Geklatsch über seinen Gesundheitszustand und seine ach! so zärtliche Liebe zu Constanze«.

Mozart schickte Constanze während des Sommers »zur Kur« nach Baden, um jeglicher Versuchung und Ansteckung aus dem Weg zu gehen, und vergrub sich in der Gartenlaube des Freihauses. Seine Briefe an Constanze sind voll von Schuldkomplexen und Selbstanklagen: »Wenn die Leute in mein Herz sehen könnten, so müßte ich mich schämen.«

Gottfried van Swieten, der Sohn des großen Leibarztes der Maria Theresia, gab alle Sonntage in seinem Haus in der Renngasse Mittagskonzerte, bei denen Mozart nicht nur als Pianist, sondern auch als Sänger mitwirkte. Van Swieten war so etwas wie ein Universalgenie. Er war Diplomat, Kunstkenner, Jurist, Hofbibliothekar und Naturwissenschaftler. Bei seinen vielseitigen Interessen besaß er durch seinen berühmten Vater gewiß auch Kenntnisse der Medizin und der Pharmazie. An diesen mehr als zwanzig Jahre älteren weltgewandten und hochgelehrten Freund muß Mozart sich in seiner Not gewandt haben, denn nur so erhält das nachfolgende Geschehen einen Sinn.

Gottfried van Swieten besorgte dem Freund ein Quecksilberpräparat, das sein Vater entwickelt und verordnet hatte. Obwohl der alte van Swieten bereits 1772 gestorben war, galt er immer noch als der bedeutendste Arzt der Wiener Medizinischen Schule. Das war vermutlich auch ein Grund, weshalb Mozart nicht zu irgendeinem Arzt ging, sondern zu den berühmten van Swietens. Quecksilber galt noch bis zum Ende des vorigen Jahrhunderts als einzig wirksames Heilmittel gegen die Syphilis. Es ist äußerst giftig und wurde in hohen Verdünnungen über größere Zeiträume verordnet. Der alte van Swieten war berühmt wegen seiner Syphilisbehandlungen mit Quecksilberpräparaten.

Mozart nahm das Gift wohl über mehrere Monate. Er verheimlichte diese Tatsache seiner jungen Frau, um sie nicht noch mehr zu beunruhigen. Erst Tage vor seinem Tod gesteht er ihr: »Mit mir dauert es nicht mehr lange. Man hat mir Gift gegeben.«

Da ist niemand, den er beschuldigt oder verdächtigt. Man hat es mir gegeben. Er hat es freiwillig genommen.

Am Morgen des fünften Dezembers war Mozart tot.

Und nun geschahen Dinge, die die Nachwelt bis zum heutigen Tag nicht begriffen hat. Van Swieten glaubte, daß der Freund an dem Quecksilber gestorben sei, das er ihm verschafft hatte. Er fürchtete in einen der hochnotpeinlichen Giftmordskandale verwickelt zu werden, die im achtzehnten Jahrhundert durchaus nicht selten waren und häufig mit einer Hinrichtung endeten. Zumindest standen jedoch sein guter Ruf und seine Karriere bei Hof auf dem Spiel.

Es ist kein Zufall, daß von allen Freunden van Swieten als erster zu Mozarts Sterbelager eilte und daß er es war, der die in ihrer Verzweiflung völlig hilflose Constanze zu einem Armenbegräbnis überredete. Vermutlich wird er ihr die Wahrheit gesagt haben, sie fürchtete den Skandal. Van Swieten war es auch, der noch am gleichen Tag die Bestattung auf dem Sankt-Marxer-Friedhof vollziehen ließ. Selbst im Hochsommer pflegte man in Wien einen Verstorbenen mindestens ein bis zwei Tage aufzubahren, im Winter waren es jedoch meistens mehrere Tage.

Das Armenbegräbnis Mozarts war nicht eine Geldfrage, sondern vor allem eine Zeitfrage. Der hochgelehrte van Swieten wußte, daß Quecksilber in einer Leiche sich noch nach Jahrzehnten mit absoluter Sicherheit nachweisen läßt. Mozarts Überreste mußten nicht nur schnell, sondern vor allem unauffindbar beseitigt werden. Van Swieten bewies mit seinem blitzschnellen und überlegt richtigen Handeln, daß man ihn nicht zu Unrecht für ein Genie hielt.

Alle Biographen Mozarts stellten sich die Frage: Warum überredete van Swieten, der reiche und väterliche Freund Mozarts, Constanze zu einem Armenbegräbnis? Czibulka sprach im Namen aller, als er schrieb: Es wird für immer unverständlich und unerklärlich bleiben, warum weder der sehr vermögende van Swieten noch die vielen Freunde für ein würdiges Begräbnis sorgten.

Er irrte. Es ist nicht für immer unverständlich und unerklärlich geblieben.

Kaum ein Dutzend Freunde – darunter auch van Swieten und der vermeintliche Rivalenmörder Salieri – folgten dem Sarg. Doch auch sie gingen wegen eines eisigen Schneesturms nur bis zum Stubentor mit. Es ist mehr als wahrscheinlich, daß es van Swieten war, der die anderen überredete umzukehren. Keiner seiner Freunde war dabei, als die Totengräber Wolfgang Amadeus Mozart an unbekannter Stelle in die Erde legten.

Constanze hat später nach eigenen Angaben einige Briefe ihres Mannes verbrannt und gemeinsam mit ihrem zweiten Ehemann zahlreiche Briefstellen unleserlich gemacht. Die Nachwelt verlangte von einem großen Meister, daß er auch tugendhaft zu sein habe.

Wer aber war der große Unbekannte, der graue Bote, den Mozart mehr gefürchtet hat als die Syphilis? Ist er ein Hirngespinst, die Fieberphantasie eines Todkranken?

Nein, es gibt ihn. Er ist der wirkliche Mörder.

Mozart war zwar durch die Krankheit geschwächt und durch das Gift gezeichnet, aber Gerard van Swieten war kein Kurpfuscher, der seine Patienten mit letalen Dosierungen von Quecksilber ins Jenseits beförderte. Und auch der junge van Swieten war sich der Gefährlichkeit des Giftes bewußt. Er wird sich peinlich genau an die Vorschriften seines Vaters gehalten haben. Hinzu kommt, daß Mozart im Gegensatz zur allgemeinen Auffassung alles andere als eine kränkliche Natur war. Für seine Zeit war er ein überdurchschnittlich sportlicher Typ. Er war ein ausgezeichneter Tänzer, der kein Ballereignis ausließ und grundsätzlich bis zum ersten Tageslicht durchtanzte. Er spielte regelmäßig

Billard und erstaunte seine Mitmenschen mit Klimmzügen, Purzelbäumen und wilden Sprüngen.

Mozart war kein Schwerkranker wie immer wieder behauptet wird. Noch am Vorabend seines Todes sang er zusammen mit Logenbrüdern die Altstimme des Requiems. Ein Nierenkranker im letzten Stadium wäre dazu keinesfalls fähig gewesen. Obwohl Mozart seit Wochen regelmäßig Quecksilber in kleinen Dosen eingenommen hatte, fehlen die leicht erkennbaren und typischen Merkmale einer Quecksilbervergiftung.

Seit frühester Kindheit war er mit seinem Vater kreuz und quer durch Europa gereist. Diese Fahrten in ungefederten Kutschen auf ungepflasterten Straßen waren Strapazen, die wir heute kaum noch nachempfinden können. Der äußerlich dürftig geratene Körper hatte nicht nur alle bekannten Kinderkrankheiten, sondern auch Blattern und Typhus überwunden. 1762 erwähnte Vater Leopold, daß Wolfgang an den Schienbeinen und am Po einen Ausschlag habe, den spätere Mediziner als Knotenrose diagnostizierten. Vier Jahre darauf schrieb der Papa in einem Brief, daß der Kleine seine Zehen nicht bewegen könne (oder wolle), worin Professor Anton Neumayr heute die Symptome für einen akuten Gelenkrheumatismus zu erkennen glaubt.

Der kleine Wolfgang ist mit all seinen Kinderkrankheiten spielend fertig geworden. Wenn er wirklich so viele Leiden hatte, wie die Ärzte späterer Jahrhunderte an ihm festgestellt haben wollen, so war er nicht nur ein musikalisches Wunderkind, sondern vor allem ein medizinisches. Physisch hätte Mozart uralt werden können, aber psychisch – wie kann es bei einem Künstler wie Mozart anders sein – war er empfindsam bis zur Selbstzerstörung.

Mozarts aktuellster Biograph, Hildesheimer, schreibt: »Gegen das Gift (als Todesursache) spricht allerdings Mozarts Handschrift. Sie weist in den letzten Monaten auf zunehmende Depressionen und ist somit zwar ein Spiegel seines Gemütszustandes, zeigt aber nicht jene krampfhafte Entstellung, die ein obligatorisches Symptom der subakuten Quecksilbervergiftung ist.«

Mozart litt unter schweren Depressionen und hysterischen Angstzuständen im Zusammenhang mit dem geheimnisvollen Auftraggeber des Requiems. In einem Brief an da Ponte heißt es: »Das Bild des Unbekannten will mir nicht mehr aus den Augen. Dauernd sehe ich ihn vor mir. Er bittet mich, drängt mich, und ungeduldig verlangt er die Arbeit von mir. Ich fühle, daß die Stunde schlägt.«

Mozart war bis zur Selbstaufgabe davon überzeugt, daß er nach Vollendung seines Requiems sterben müsse. Er glaubte so fest an seinen Todesboten, daß sein ganzes Leben nur dem einen Ziel zustrebte. Bis zum letzten Atemzug beschäftigte er sich mit seinem Requiem. Wenige Stunden vor seinem Tod ließ er es sich von Freunden vorsingen und sang mit schwacher Stimme mit. Beim Lacrimosa – es sind dies die letzten Takte, die Mozart geschrieben hat – begann er laut zu schluchzen. Zu seiner Schwägerin sagte er: »Habe ich nicht gesagt, daß ich es für mich schreibe.«

Kurz darauf verlor er das Bewußtsein.

Wer war der unheimliche Auftraggeber des Requiems? Wer war dieser gefürchtete Todesengel?

Es ist einer der grausamsten Treppenwitze der Weltgeschichte, daß der graue Bote, der Mozart in Verzweiflung und Tod trieb, ein harmloser Diener des Grafen von Walsegg war. Jener seltsame Graf pflegte durch Boten anonym bei anderen Musikern Kompositionen zu bestellen, die er zwar gut bezahlte, aber dann vor seinem Hausorchester und seinen Gästen als eigene Meisterwerke ausgab. Auch Mozarts Requiem fand man später in seinem künstlerischen Nachlaß.

Und nun fassen wir zusammen.

Im Mordfall Mozart gibt es drei Täter:

Für schuldig befunden wird der unbekannte Laufbursche eines Plagiators, der als Todesbote das kranke Opfer in den Tod treibt, ohne zu wissen, was er anrichtet.

Für schuldig befunden wird Gottfried van Swieten, der aus väterlicher Hilfsbereitschaft zum unfreiwilligen Giftmörder wird.

Für schuldig befunden wird das Opfer, Wolfgang Amadeus Mozart, der mit faustischer Intensität an seinem eigenen Requiem arbeitet und so sehr von seinem Ende überzeugt ist, daß er sich selbst zerstört. Die Medizinmänner Afrikas besitzen die Gabe, einen Menschen, der an sie glaubt, zu heilen oder durch einen Fluch zu töten. Hierbei tötet nicht der Fluch, sondern der Glaube an ihn.

Wie heißt es: Ein Hornissenstich ist gefährlich, aber drei sind tödlich.

Wer enthauptete Haydn?

Jeder Deutsche – und sei er noch so unmusikalisch – kennt Joseph Haydn als den Schöpfer der Melodie des Deutschlandliedes. Die Musikgeschichte nennt ihn »Vater der Symphonie und des Streichquartetts«, denn er schrieb 118 Symphonien und 83 Quartette.

Jeder kennt Joseph Haydn, und dennoch weiß fast niemand, daß er enthauptet wurde.

Haydn war kein Wunderkind wie Mozart. Er stammte aus ländlichen Verhältnissen. Sein Vater war Stellmacher in einem niederösterreichischen Nest. Haydn war ein Spätentwickler, nicht nur in der Musik. Die Frauen entdeckte er in einem Alter, in dem seine Zeitgenossen bereits mehrfache Väter waren. Er war häßlich und schüchtern. In seinem pockennarbigen Gesicht steckte eine viel zu große Nase mit warzenartigen Hautwucherungen. Der Kopf lag fast ohne Hals auf einem kurzen Körper mit stämmigen O-Beinen. Nicht nur nach heutigen Begriffen war er ein altfränkischer Spießer. Seine Kleidung war großväterlich konservativ und hinkte stets um einige Jahrzehnte hinter der Zeit her. Er liebte seine weißgepuderte Perücke und trug sie selbst dann noch, als sie schon längst nicht mehr der Mode entsprach. Schon als Dreißigjähriger wurde er von alt und jung »Papa Haydn« genannt. Erotische Leidenschaft spielte in seinem Leben die gleiche Rolle wie Licht im Leben der Maulwürfe. Seine Ehe war von Anfang an eine Katastrophe. Die zänkische Tochter eines Perückenmachers benutzte Haydns Manuskripte zum Auslegen ihrer Kuchenbleche. Haydn klagte über sie: »Sie hat keine Qualitäten. Es ist ihr völlig gleichgültig, ob ihr Mann Schuster oder Künstler ist.« Trotzdem hielt er ihr zwanzig Jahre lang die eheliche Treue. Natürlich hatte Haydn Beziehungen zu anderen Frauen, wie es seine Zeit von einem Künstler erwartete, aber diese Verhältnisse gingen wohl kaum über geistige Kontakte hinaus. Noch zu Lebzeiten seiner Frau verehrte er eine englische Witwe, von der er sagte: »Wenn ich ledig wäre, so würde ich sie heiraten.« Wenn man jedoch weiß, daß die Dame seines Herzens bereits die Sechzig überschritten hatte, so wird auch diese »Leidenschaft« zur Brieffreundschaft. Einer neunzehnjährigen italienischen Opernsängerin, die ebenfalls unglücklich verheiratet war, versprach er die Ehe, falls sie frei käme. Als dann aber seine Frau tatsächlich starb, machte er sich schleunigst aus dem Staub. Papa Haydn hatte nur eine Leidenschaft, und das war seine Musik. Nichts, aber auch nichts deutete darauf hin, daß dieses brave bürgerliche Genie einmal enthauptet werden sollte wie ein Räuberhauptmann. Und doch kam es so.

Kurz nach Sonnenuntergang eröffnete die Artillerie das Feuer. Wie ein Gewittersturm fuhr das Bombardement in die stille Stadt. Granaten explodierten mit betäubendem Lärm. Feuer flammten auf. Menschen und Tiere hetzten mit angstgeweiteten Augen durch die Straßen. Befehle mischten sich mit Schmerzensschreien. Kinder weinten. Vor den Stadtmauern wurden die Trommeln geschlagen.

In der Steingasse vor dem Haus Nummer 19 detonierte ein Geschoß auf dem Kopfsteinpflaster. Der Luftdruck zerschmetterte die Fensterscheiben, riß die Gartentür aus den Angeln und löschte mit unsichtbarem Faustschlag die Kerzenlichter. Ein krummbeiniger Diener und eine rundliche Köchin, die damit beschäftigt waren, ihren alten gebrechlichen Herrn zu Bett zu bringen, warfen sich vor Angst schlotternd zu Boden. Hilflos stand der Alte in der Dunkelheit. »Fürchtet euch nicht«, sagte er, »wo Haydn ist, kann euch nichts geschehen.«

Am darauffolgenden Morgen kapitulierte die belagerte Stadt.

Napoleon Bonaparte bezog sein Quartier im Schloß Schönbrunn, einst stolzer Sitz der Kaiserin Maria Theresia. Wien hatte einen neuen Herrn. Die Donaubrücken dröhnten unter den schweren Schritten der einrückenden Regimenter. Kaiser Franz war im Schutze der Dunkelheit wie ein Dieb geflohen.

In der Steingasse 19 ließ sich der siebenundsiebzigjährige Joseph Haydn von seinem Diener ans Klavier tragen. Er befahl, alle Fenster zur Straße zu öffnen – ein überflüssiges Unterfangen, da die Scheiben ohnehin alle zerstört waren –, und dann spielte er jene Hymne, die er ein Jahrzehnt zuvor seinem Kaiser und Volk gewidmet hatte und die später mit dem Text des Dichters Hoffmann von Fallersleben die Nationalhymne der Deutschen werden sollte: Gott erhalte Franz den Kaiser!

Bis zu seinem Todestag spielte Haydn von nun an diese Hymne täglich. Er spielte sie mit solch partisanenhaftem Trotz, daß die Menschen auf der Straße stehenblieben und ihre Hüte abnahmen. Das war eigentlich undankbar, denn die Franzosen hatten ihn nicht nur zum Mitglied ihrer Akademie ernannt, sondern ihn bereits zu Lebzeiten mit Ehrungen überhäuft, wie sie nur wenigen Musikern in Frankreich zuteil geworden sind.

Napoleon fühlte sich mit Haydn schicksalhaft verbunden. Am 24. Dezember 1800, dem ersten Heiligen Abend des neuen Jahrhunderts, entging der Kaiser auf dem Weg zur Oper, wo unter festlichem Gepränge die Pariser Erstaufführung von Haydns ›Schöpfung‹ gefeiert werden sollte, nur um Haaresbreite dem Tod. Die Gazetten sprachen von einem Wunder. In der engen Rue Niçaise explodierte nur wenige Meter hinter der kaiserlichen Kutsche eine Höllenmaschine von so elementarer Gewalt, daß zentnerschwere Trümmer über die Dächer der Häuser geschleudert wurden. Vierzig Menschen lagen mit zerschmetterten Gliedmaßen in ihrem Blut. Bonaparte ließ die Fahrt fortsetzen, als sei nichts geschehen. Mit unbeweglicher Miene, starr wie eine Skulptur saß er dann in der kaiserlichen Loge und lauschte den Klängen der Schöpfung, während Josephine an seiner Seite von heftigen Weinkrämpfen geschüttelt wurde. Nach der Vorführung sagte er: »Haydn hat recht, alle schöpferischen Kräfte sind stärker als der Tod.«

Wenige Tage nach der Eroberung Wiens im Mai 1809 klopfte ein junger französischer Offizier gegen die Haustür der Steingasse Nummer 19. Als man ihm nicht öffnete, nahm er seinen Säbelknauf zu Hilfe und verlangte lautstark Einlaß. Der treue Johann hatte von innen rasch alle Riegel vorgeschoben, weil er glaubte, der Franzose wolle das wertvolle Tafelsilber seines Herrn plündern. Als der Offizier begriff, daß man ihn für einen Feind hielt, rief er in deutsch-italienischem Kauderwelsch: »Sono amico. Ich bin Freund. Sono amico. Möchte den Maestro mit eigenen Augen sehen und ihm Reverenz erweisen.«

Als man ihm endlich öffnete, stürmte er in Haydns Zimmer, salutierte militärisch und meldete: »Clement Solemny, Hauptmann beim 5. Husarenregiment, im Zivilberuf Sänger. Ich bitte um die Gunst dem Maestro aus seinem Oratorium ›Die Schöpfung‹ vortragen zu dürfen.«

Der völlig überraschte Haydn ließ sich zu seinem Klavier führen, auf dem er täglich den Franzosen den Kampf ansagte. Der junge französische Hauptmann sang mit reiner, erstaunlich kraftvoller Stimme, und der alte Meister begleitete ihn eigenhändig. Für einige wundervolle Minuten waren Krieg und Feindschaft vergessen. Auf der Straße stauten sich die Vorübergehenden. Als der letzte Ton verklungen war, erhob sich ein ungeheurer Jubel. Der junge Franzose und der große alte Mann sanken sich selig in die Arme. Haydn weinte vor Rührung wie ein Kind.

Am darauffolgenden Tag war er zu schwach, um das Bett zu verlassen. Bei klarem Bewußtsein erwartete er sein Ende. Als die ersten Vögel den Morgen ankündigten, war Haydn tot. Man schrieb den 31. Mai 1809.

Johann Eßler, der krummbeinige Diener, meldete den Tod seines Herrn bei der zuständigen Polizeiwache. Diese benachrichtigte den französischen Stadtkommandanten Marschall Maret, der die Todesnachricht an Napoleon weiterleitete. Auf Befehl des Kaisers zog vor dem Haus Steingasse 19 eine militärische Ehrenwache auf.

Bei der offiziellen Trauerfeier im Stephansdom standen die Offiziere der Napoleonischen Armee mit gezogenem Degen am reich geschmückten Katafalk des großen Toten. Mit dem Requiem von Mozart nahm Wien endgültig Abschied von einem seiner bedeutendsten Söhne. In einem halben Jahrhundert hatte Haydn ein musikalisches Werk von titanischer Größe erschaffen. Er hinterließ über hundert Symphonien, Streichquartette und Klaviersonaten, weit über hundert Messen und zwanzig Opern und Oratorien, von denen allein ›Die Schöpfung‹ und ›Die Jahreszeiten‹ ausgereicht hätten, um seinen Namen unsterblich zu machen. Auf dem Hundsthurmer Friedhof wurde Joseph Haydn zur letzten Ruhe gebettet.

Im Jahre 1820 – Haydn war seit elf Jahren tot – ließ Fürst Nikolaus Esterhazy vor einem kleinen Kreis geladener Gäste ›Die Schöpfung‹ aufführen. Nach dem Konzert sagte der Herzog von Cambridge zu dem Fürsten: »Sie sind zu beneiden, daß Sie diesen Mann nicht nur als Lebenden gekannt haben, sondern sich auch noch glücklich schätzen können, seine sterblichen Überreste in Ihrer Familiengruft zu bewahren.«

Nun gab es zwar eine Art Vermächtnis, in dem festgelegt worden war, daß Joseph Haydn in Eisenstadt in der Familiengruft der Fürsten von Esterhazy bestattet werden sollte. Durch die Wirren des Krieges war dieser Plan jedoch nicht zur Ausführung gelangt. Esterhazy schritt sofort zur Tat, um das Versäumte nachzuholen.

Nur wenige Tage später wurde auf dem Hundsthurmer Friedhof in Wien Haydns Leiche exhumiert. Als man den noch völlig unversehrten Eichensarg öffnete, fand man wie erwartet ein Skelett. Elf Jahre hatten ihre Arbeit getan. Am oberen Ende des Sarges auf dem vermoderten Seidenkissen lag gut erhalten Haydns Perücke. Aber – und alle Anwesenden sahen es mit eiskaltem Entsetzen: Der Kopf und die ersten drei Halswirbel fehlten! Irgend jemand hatte Joseph Haydn enthauptet. Fürst Esterhazy rief die Polizei.

Die sofort einsetzenden Nachforschungen ergaben, daß die Enthauptung nur wenige Tage oder gar Stunden nach Eintritt der Totenstarre stattgefunden hatte. Dem Toten war entweder noch vor der Bestattung oder unmittelbar danach mit einem schartigen Messer der Kopf abgetrennt worden. Die Halswirbel zeigten Kerben, wo der Täter stümperhaft versucht hatte, zwischen zwei Wirbelknochen hindurchzusäbeln, und dabei immer wieder auf harte Knochenmasse gestoßen war. Er hatte den Schnitt von der Kehle zum Genick hin geführt und schien in großer Eile gehandelt zu haben.

Obwohl das Geschehen mehr als ein Jahrzehnt zurücklag, fand die Polizei eine Spur. Sie führte zu einem Mann namens Nepomuk Peter. Dieser hatte nicht nur einen seltsamen Namen, sondern war allgemein bekannt wegen seines noch seltsameren

Hobbys. Er sammelte Leichenschädel so wie andere Briefmarken oder Schmetterlinge. Nepomuk Peter gab zu Protokoll, daß er eine Woche nach der Beisetzung gemeinsam mit seinem Freund Rosenbaum den Sarg Haydns wieder ausgegraben habe. Beim Licht einer Stallaterne habe Rosenbaum dann mit einem Metzgermesser den Kopf vom Rumpf getrennt, was ihm nur mit erheblicher Anstrengung gelungen sei, da die faltige Haut des Toten zäh wie Leder gewesen sei. Die ruckartigen Schneidebewegungen hätten im Kehlkopf ein Geräusch verursacht, das sich angehört habe, als spräche die Leiche mit lallender Zunge.

Als Rosenbaum endlich den Kopf vom Rumpf gemetzelt hatte, verschlossen die Männer den Sarg und vergruben ihn wieder so, daß niemand etwas von dem grausigen Vorgang bemerkte. Im ersten Morgenlicht trugen sie den Kopf des Mannes, um den noch alle Musikfreunde Europas trauerten, in einem leeren Hafersack nach Hause. Nepomuk Peter verstaute den bereits nach Verwesung riechenden Schädel in einer Kiste mit Sägemehl, nahm ein Bad und begab sich pünktlich wie immer zu seinem Büro. Er war staatlicher Verwalter der Niederösterreichischen Provinzstrafanstalt. Noch am gleichen Tag begann er mit der Skelettierung. Mit Akribie entfernte er Gehirn, Augen, Ohren, Zunge und Kopfhaut und schälte das Fleisch der Gesichtshälfte vom Knochengerüst. Er reinigte den Schädel in einem chemischen Bad und bleichte ihn. Später nahm er eine Reihe von Messungen daran vor, denn Nepomuk Peter war ein überzeugter Anhänger des Arztes Franz Joseph Gail, der in seiner Lehre behauptete, es bestünde ein direkt meßbarer Zusammenhang zwischen den geistigen Fähigkeiten eines Menschen und seiner Schädelform. Wenn an dieser damals allgemein anerkannten Irrlehre auch nur ein Fünkchen Wahrheit wäre, so müßte Nepomuk Peter einen Kopf wie eine Pellkartoffel gehabt haben. Er sprach von der Leichenschändung Haydns wie von einer Ausgrabung im Tal der Könige. Im Anschluß an seine »Studien« übergab er den Totenschädel seinem Freund Rosenbaum, der ihn in einem Mini-Mausoleum wegschloß um – wie er erklärte – »zu verhindern, daß Haydns Geist von Maden und Würmern vernichtet würde oder Halbmenschen, Afterphilosophen oder lose Buben ihr Gespött mit ihm treiben könnten«.

Eine Hausdurchsuchung bei Rosenbaum verlief ergebnislos. Die Polizei fand den gesuchten Kopf von Joseph Haydn nicht, weil er unter der Bettdecke von Frau Rosenbaum steckte, die mit fiebriger Grippe im Bett lag. Rosenbaum hatte mit Recht vermutet, daß kein Wiener Gendarm so ungalant sein

würde, einer Dame unter die Bettdecke zu gucken.
Als Fürst Esterhazy erkannte, daß die polizeilichen
Ermittlungen zu keinem Erfolg führten, bot er den
beiden Kopfjägern einen fürstlichen Betrag an. Nun
begann ein unglaubliches Feilschen. Als man sich
endlich auf einen Preis geeinigt hatte und der Schädel nach Eisenstadt gebracht worden war, stellten
zwei Anatomieprofessoren fest, daß der Kopf zu
dem Körper eines jungen Mädchens gehörte. Esterhazy reklamierte und bekam nun den Schädel eines
Mannes, der nachweislich als Greis gestorben war.
Dieser wurde wie eine Reliquie nach Eisenstadt
überführt und mit feierlichem Gepränge zu den
kopflosen Gebeinen Haydns in den Sarg gelegt.
Endlich hatte die grausigste Moritat der Musikgeschichte ihr Ende gefunden.

Aber der Schein trog. Auf seinem Sterbebett gestand Rosenbaum, daß er immer noch im Besitze des
kostbaren Schädels sei, von dem er sich zu Lebzeiten
nicht hatte trennen wollen. Nun ging der Kopf
durch alle möglichen Hände, bis er endlich in den
Besitz der Gesellschaft der Musikfreunde Wiens gelangte, und es bedurfte erst eines Beschlusses der
Landesregierung, um die Wiener zur Herausgabe
der Reliquie zu bewegen.

Am 5. Juni 1954 widerfuhr dem Haupt Haydns
zum zweiten Mal eine offizielle Trauerfeier. Nur

war es jetzt nicht mit vergoldetem Eichenlaub geschmückt wie im Jahre 1809, sondern mit frischen Pfingstrosen. Es wurde vom Kardinal-Erzbischof aufgebahrt und geweiht und in einem feierlichen Leichenzug in das Dorf Rohrau gebracht, dem Geburtsort Haydns. Hier läuteten zur Begrüßung alle Glocken. Ein Quartett spielte für den Totenschädel zwei Sonaten, und dann bewegte sich die Prozession nach Eisenstadt, wo im Schloßhof der Fürsten Esterhazy lange Trauerreden gehalten wurden. »Du bist es, dem Ruhm und Ehre gebühret« sang ein Knabenchor.

Endlich wurde der Schädel zu seinem Leib in den Sarg gelegt, nachdem man den falschen Kopf diskret entfernt hatte. Es wäre gewiß eine Geschichte von besonderem Reiz, herauszufinden, welcher alte Herr die Ehre hatte, für ein paar Jahre als stellvertretendes Haupt bei Joseph Haydn zu liegen.

Nach fast 150 Jahren hatte der geschändete Tote endlich seine letzte Ruhe gefunden. An der Echtheit des jetzt in Eisenstadt ruhenden Schädels gibt es keinen Zweifel, so behaupten die Experten, und vielleicht haben sie sogar recht...

Warum schwieg Paganini?

Von den noch schneebedeckten Bergen quirlten und gluckerten die Bäche zu Tal, neugierig und tapsig wie junge Tiere. Das Grün der Weiden leuchtete im frühen Licht. Der Jubel der Lerchen überschlug sich vor Lebenslust. Selbst der Hufschlag der Pferde klang so übermütig wie Trommelschlag und Kinderhüpfen.

Der Mensch in der lederbeschlagenen Reisekutsche nahm von all dem nichts wahr. Er hatte die Vorhänge zugezogen und hockte wie ein winterschlafmüder Maulwurf im Dunkel der Kabine, eingehüllt in Decken und Pelze. Ein Schal verdeckte das Gesicht. Der Hut verdunkelte die Augen. Nur Geschöpfe der Nacht sind so lichtscheu, Fledermäuse und Vampire. Und wenn es Vampire wirklich gibt, so war der Fremde in der Kutsche solch ein lebendiger Leichnam. Fahl war die Farbe seiner Haut, blaß wie die Keime von eingekellerten Kartoffeln. Zwei Jahre durchstreifte Paganini so die deutschen Lande, von Wien her kommend kreuz und quer bis nach Berlin. Es gibt kaum ein mittelgroßes Städtchen, in dem er nicht aufgetreten wäre.

Bei diesen Fahrten litt der kränkelnde Südländer unsagbar unter der Kälte. Die Kutsche mußte stets luftdicht verschlossen sein. Selbst im Hochsommer trug er lange Unterhosen und Pelze. Meistens steckte er unter dicken Decken und schlief mit offenen Augen. Für die Naturschönheit am Weg hatte er kein Empfinden. Die herrlichsten Gegenden und interessantesten Kunstdenkmäler würdigte er keines Blickes. Teilnahmslos wie ein Leichnam wurde er von einem Konzert zum nächsten transportiert. Sein Reisegepäck bestand aus einer alten Hutschachtel und einem riesigen zerschlissenen Geigenkasten, den er nie aus den Augen ließ. In ihm verwahrte er seine Geigen, die Leibwäsche, seine Medizin und die Geldkassette. Noch mehr als Geigen und Geld behütete er das rote Buch, das er ständig mit sich herumtrug und vor jedem geheimhielt.

In dieses Buch, von dessen unheimlichem Inhalt man die wildesten Greuel erzählte, trug er alle Einnahmen und Ausgaben ein. Er verschlüsselte alle wichtigen Geheimnisse in einer Art Geheimsprache.

Wenn Paganini seinen Bestimmungsort erreicht hatte, so stieg er stets in einem billigen Gasthof ab. Es war ihm gleichgültig, ob er nur eine Dachkammer bekam oder eine Hinterhofstube. Auf Komfort legte er keinen Wert, auch nicht bei Tisch. Er pflegte zu sagen: »Wenig essen und trinken hat noch keinem geschadet.« Er frühstückte nie, trank mittags eine Tasse Schokolade, sein kärgliches Abendbrot spülte er mit Kräutertee hinunter. Dafür schlief er bis spät in den Tag.

Niemals hat ihn ein Mensch üben gehört. Wenn man ihn darauf ansprach, so sagte er: »Ich habe in meiner Jugend genügend geübt.«

Seine Orchesterproben waren Geheimsitzungen. Er begann nie, bevor er sich nicht persönlich versichert hatte, daß niemand im Konzertsaal versteckt war. Eigenhändig verschloß er Fenster und Saaltüren. Die Noten für die Musiker verteilte er immer erst unmittelbar vor den Proben und sammelte sie danach stets wieder ein, so als fürchtete er, kopiert zu werden. Er übte nur die Orchesterstellen. Von seinen Solopartien spielte er nur die Anfangsnoten und den Schluß. Lächelnd fügte er dann hinzu: »Et cetera, Messieurs.«

Alle Effekte und alle Kräfte wurden für den Konzertabend aufbewahrt.

Niccolò Paganini, geboren am 27. Oktober 1782, war nicht wie Mozart ein umschmeicheltes Wunderkind. Seine Laufbahn verlief nicht raketenhaft steil nach oben. Er zählte schon sechsundvierzig Jahre, als er zum erstenmal Italien verließ, um internationalen Ruhm zu ernten. Dann, plötzlich, leuchtete sein Name auf, wie ein Meteor, nein wie eine Sonne. Er stürzte Europa in einen Begeisterungstaumel, wie ihn die Welt bis dahin nicht erlebt hatte.

Seine alles überragende Begabung und seine mysteriöse Persönlichkeit hypnotisierten die Menschen und gaben den Experten Rätsel auf, die bis heute nicht gelöst werden konnten.

Wer diesen Teufelsgeiger gehört hatte, war ihm so hoffnungslos verfallen wie die Kinder von Hameln dem Rattenfänger. Und das ist nicht etwa eine aus Begeisterung geborene Übertreibung. Noch heute, einhundertfünfzig Jahre nach seinem Tod, spüren wir das unglaubliche Erstaunen seiner Zuhörer.

Selbst Skeptiker wie Heinrich Heine und Experten wie Chopin geraten in ekstatisches Schwärmen, wenn sie versuchen, dem Wunder Paganini gerecht zu werden.

Franz Schubert bekommt nach einem Konzert in Wien im Mai 1828 einen Weinkrampf und schreibt: »Ich habe einen Engel in Paganinis Adagio singen hören.«

In Berlin schreibt Meyerbeer: »Wo unser Denkvermögen aufhört, da fängt Paganini an.«

»Paganini ist der Wendepunkt der Virtuosität!« schwärmt Robert Schumann.

Und Chopin schwört: »Paganini ist die absolute Vollkommenheit.«

»Er ist einer jener Titanen, die nur in großen Zeitabständen das Szepter im Reich ihrer Kunst führen und abtreten, ohne einen Nachfolger zu hinterlassen«, so Hector Berlioz.

Ludwig Rellstab beschreibt seine Eindrücke nach dem Berliner Konzert 1829: »Gestern hat Paganini zum erstenmal gespielt. Er wurde mit mäßigem Applause empfangen, und viele Gesichter verrieten nur zu deutlich Antipathie gegen den italienischen Virtuosen, den die hiesigen Heroen deklamatorischen Gesanges im voraus verachteten, weil er ein Landsmann ihres Feindes Rossini ist. Aber wie es denn geht, nach dem ersten Solo brach ein Lärm aus, gegen welchen aller Sonderapplaus schwach zu nennen ist. Es war ein Jauchzen, wie ich es im Theater selten, im Saale nie gehört habe. Nun stieg die Teilnahme. Das Adagio seines Konzertes ist so einfach, daß ein Schüler es spielen könnte, nichts als eine klagende Melodie. Niemals in meinem Leben hab ich so weinen hören. Es war, als ob das zerrissene Herz dieses kranken Menschen sich umwendete und all seinen Jammer ausschüttete. Was sind alle Töne, die man jemals auf Geigen gehört, gegen dieses Adagio. Ich habe gar nicht gewußt, daß es solche Klänge in der Musik gibt. Wie nun aber der Schlußtriller anhub, da schlug der Jubel durch. Und nun war es, als hätte man den früheren Beifall gar nicht gehört. Er konnte sich mit diesem nicht messen. Die Damen legten sich über die Brüstungen der Galerien. Die Männer stiegen auf die Stühle, um ihn zu sehen und um ihm zuzuschreien. Ich habe die Berliner noch nie so gesehen. Der Totaleindruck, den er, sein Erscheinen mitgerechnet, auf mich gemacht hat, ist kein wohltuender. Goethes Mephisto könnte so Violine spielen. Ich hätt ihn lieber nicht gehört. Mir sind für alle Zukunft die besten Virtuosen verleidet. Wohl jedem Kunstfreund, der Paganini nicht gehört hat! Aber die Erinnerung an ihn gäbe ich für nichts in der Welt hin. Und wenn ich es recht bedenke, so muß ich sagen: Wehe jedem, der ihn nicht gehört hat.«

Mit den Kritiken über Niccolò Paganini ließe sich ein ganzes Buch füllen. Sie sind deshalb so wichtig für uns, weil sie die einzige greifbare Realität sind, die wir von diesem Teufelskerl besitzen. Bilder überleben ihre Maler und Noten ihre Komponisten. Aber der lebendige Klang eines Virtuosen lebt nur dem Augenblick. Heute läßt er sich auf eine Schallplatte bannen, aber die gab es damals leider noch nicht.

Nach heutigen Gesichtspunkten fehlten Paganini alle Voraussetzungen für die Karriere eines Weltstars. Er war nicht schön, nicht einmal attraktiv. Er war ungebildet, geizig, herzlos, geldgierig, beleidigend, kränkelnd, übelriechend, launisch und linkisch bis zur Lächerlichkeit. Mit anderen Worten, er war durch und durch unsympathisch. Überall, wo er auftrat, hatte er zunächst einmal sein Auditorium gegen sich, von der Kritik ganz zu schweigen. Unsere heutigen Musikstars, von den Beatles bis zu Herbert von Karajan, sind immer, und manchmal auch vor allem, Publikumslieblinge. Anders verhält es sich mit Paganini.

Dr. Bennati, ein bekannter Pariser Physiologe, reichte 1831 der Akademie zu Paris ein Gutachten ein, in dem er das Phänomen Paganini medizinisch zu erklären versucht. Er beschreibt Paganini als »grünlich-bleich, unterernährt und von mittlerer

Größe. Er zählt erst siebenundvierzig Jahre, aber seine Magersucht und das Fehlen der Zähne, wodurch sein Mund einfällt und sein Kinn stark hervortritt, verleihen ihm ein greisenhaftes Aussehen. Sein übermäßig großer Schädel, der auf einem langen dünnen Hals sitzt, steht in argem Mißverhältnis zu den dürren Gliedern. Sein Gesicht wird beherrscht von einer hohen wulstigen Stirn, einer Adlernase und von einem boshaft zuckenden Mund, der an den Voltaires erinnert. Auffallend sind die großen, stark abstehenden Ohren, langes, dünnes, fettiges Haar, dessen Schwärze in hartem Kontrast zur Blutleere des Gesichtes steht.«

Von Darwin stammt die Theorie der selektiven Auslese durch Zufallsmutationen. Auch unter uns Menschen gibt es solche Vorteil verschaffenden angeborenen Anomalien. Die Skala reicht von den Busenwundern unserer Sexbomben bis zum retardierten Zwergwuchs unserer Jockeys. Der spanische Krüppel Juan Belmonte wurde zum Begründer des modernen Stierkampfes, weil die Lähmung seiner Beine ihn zu dem ungeheuer riskanten statischen Kampfstil zwang, den wir noch heute bewundern. Er machte aus der Not eine Tugend. Oder richtiger aus seiner Schwäche seine Stärke. Italiens berühmtester Radrennfahrer, Fausto Coppi, war eine anatomische Fehlkonstruktion – aber er war sozusagen eine Spezialanfertigung für das Fahrrad. Der gebuckelte Oberkörper war gnomenhaft kurz. Seine überlangen Beine waren wie geschaffen zum Bedienen der Pedale.

Paganini war für die Geige gemacht wie Fausto Coppi für sein Rennrad. Erstaunlicherweise vernachlässigen die meisten Biographen diese phänomenale Tatsache. Ganz zweifellos liegt aber gerade die nie wieder erreichte Einmaligkeit der manuellen Virtuosität in der ungewöhnlichen Anatomie des Künstlers begründet. Alle Ärzte, die Paganini untersucht haben, bestätigen die frappierende physiologische Veranlagung. Er hatte abnorme Schultern, die in keinem Verhältnis zum schwächlichen Rumpf standen. Spinnenfingrige Hände erlaubten ihm eine Spieltechnik, die für alle normal konzipierten Menschen ans Unglaubliche grenzen muß. Vermutlich litt Paganini an angeborener Arachnodactylie, an der Spinnenfingrigkeit. Zu dieser anatomischen Überlegenheit kam ohne Frage musikalische Genialität. Dafür zeugt nicht nur die folgende Begebenheit:

Rossinis neue Oper ›Mathilde von Chabran‹ sollte im römischen Apollo-Theater ihre Premiere erleben. Da traf den Kapellmeister am Tag der Generalprobe der Schlag. Ein Ersatzmann war in der kurzen Zeit nicht aufzutreiben. In seiner Not wandte sich Rossini an Paganini. Der überflog kurz vor der Probe die Partitur und machte sich mit den Intentionen des Komponisten vertraut. Am Abend des 24. Februar 1821 leitete er die Probe mit einer Bravour, die alle Mitwirkenden zur höchsten Leistung hinriß. Bei der Premiere errang er am Dirigentenpult jubelnden Erfolg. Nach der Aufführung sagte Rossini: »Eigentlich ist es ein Glück für uns italienische Komponisten, daß Paganini sich nicht auf das Opernkomponieren geworfen hat. Sein Genie hätte uns alle hoffnungslos in den Schatten gestellt.«

Außerdem scheint es so, als habe Paganini über geheimnisvolle, völlig neue Techniken des Geigenspiels verfügt, die er niemals verraten hat. Es geschah wiederholt, daß Violinspieler aus dem Orchester neugierig nach Paganinis Geige griffen, um sie zu erkunden. Alle berichteten übereinstimmend und überrascht, daß das Instrument völlig verstimmt und unspielbar gewesen sei. Es wird vermutet, daß Paganini eine eigene Skordatur entwickelt hatte. Diese neue, nur ihm bekannte Saitenstimmung ermöglichte es ihm, die kompliziertesten Akkordfolgen, die bei normaler Einstimmung einfach nicht ausführbar gewesen wären, mit großer Leichtigkeit zu spielen. Überhaupt muß Paganini über phänomenale Stimmtechniken verfügt haben. Es gibt Zeugen, die behaupten, der Meister habe die unglaubliche Fähigkeit besessen, während des Spielens durch einen taschenspielerischen Ruck die Saiten seines Instrumentes umzustimmen. So stimmte er alle Sätze für die G-Saite stets in B um, wodurch sich die Schwierigkeiten der Applikationen erheblich verringerten. Bei Orchester-Begleitung stimmte er sein Instrument einen halben Ton höher. Damit erreichte er, daß er in den leuchtenderen und für die Violine wohlklingenderen Tonarten A-Dur und D-Dur spielen konnte, während das Orchester in den gedämpfteren Tonarten B-Dur und Es-Dur verharrte. Er selber spielte niemals nach Noten, sondern improvisierte, wie es ihm beliebte. Niemand hat ihn je üben gehört. Er beherrschte sein Instrument im Schlaf. Und das war sicher nicht zuletzt das Verdienst der unglaublich harten Schule, die er durchlebt – fast möchte man sagen überlebt – hat.

Im Alter von sechs Jahren bekam der kleine Niccolò die erste Geige von seinem Vater, der selber Violine und Gitarre spielte. Paganini erinnerte sich später: »Dem Vater habe ich die Anfänge in der Kunst zu danken. Er hielt sich fast ständig im Hause auf, denn er war leidenschaftlich bemüht, durch gewisse Berechnungen Lotterienummern herauszufinden, von denen er sich bedeutenden Gewinn erhoffte. Deshalb grübelte er sehr viel nach und zwang mich, nicht von seiner Seite zu weichen, denn er haßte es, allein zu sein. Ich mußte von morgens bis abends die Violine zur Hand haben und für ihn spielen. Man kann sich keinen strengeren Vater denken als ihn. Schien ich ihm nicht fleißig genug, so zwang er mich durch Hunger zur Verdoppelung meiner Kräfte. Ich hatte körperlich so viele Entbehrungen zu ertragen, daß meine Gesundheit darunter litt. Dabei hätte es solchen rauhen Antriebes gar nicht bedurft, da ich von mir aus viel Freude am Geigenspiel hatte, vor allem beim Erfinden neuer Griffe, mit deren Akrobatik ich die anderen in Erstaunen versetzte.«

Bis zu seinem neunzehnten Lebensjahr wurde er vom Vater gezwungen, täglich zehn bis zwölf Stunden zu üben.

Endlich im September 1801 gelang ihm die Flucht in die Freiheit. Bis zu diesem Zeitpunkt hatte sich Paganinis Erziehung ausschließlich auf das Geigenspiel beschränkt. Er war ein vollendeter Fachidiot und benahm sich auch entsprechend. Die Liebe und der Spieltisch waren die beiden Gottheiten, denen er alles opferte. Er holte sich in dieser ersten Sturm- und-Drang-Zeit die Syphilis, die er nie wieder loswurde und die ihn schließlich umbrachte. An manchen Abenden verlor er die Einnahmen aus mehreren Konzerten. Er spielte so besessen, daß er eines Tages seine Amati-Geige einsetzte und verlor. Da er am gleichen Abend ein Konzert in Livorno geben sollte, war er gezwungen, sich von einem Freund, dem Kriegsminister Fantino Pino, eine Geige zu leihen. Als Paganini sie ihm zurückgeben wollte, machte der von Paganinis Spiel begeisterte Fantino Pino sie ihm zum Geschenk, da sie von keiner anderen Hand mehr entweiht werden sollte.

Diese Geige veränderte Paganinis Leben. Sie war eine der letzten und reifsten Arbeiten von Giuseppe Guarneri del Gesù aus dem Jahre 1742. Paganini nannte sie zärtlich »meine Kanone« und hat sie bis zu seinem Tod in fast allen seinen Konzerten gespielt, obwohl er eine beträchtliche Sammlung wertvoller Violinen besaß, darunter allein sieben Stradivari.

Die »Kanone« steigerte Paganinis Spielfreude von Tag zu Tag, so daß er dem Roulette den Rücken kehrte und nur noch dem Geigenspiel lebte.

Und so beschreiben Augenzeugen seinen spektakulären Auftritt:

Eine erschreckend dürre Gestalt schreitet mit seltsam schleppenden Schritten zur Rampe. Ein altmodischer Frack umschlottert die Elendsgestalt. Hinter Haarsträhnen und einem schütteren Backenbart verbirgt sich eine Totenmaske mit einer Pinocchio-Nase. Tragik und Komik, rührendes Leid und diabolische Bosheit haben sich in diesem Menschen vereinigt, dessen einfältiger Anblick zum Lachen reizt. Wenn er die Geige ansetzt, wird er vollends zur Karikatur. Er schiebt beim Spielen den rechten Fuß vor und gibt bei bewegten Passagen so heftig den Takt an, als trete er eine Nähmaschine. Wäre nicht der unheimliche Ernst in seinen Gesichtszügen, so könnte man ihn für einen Spaßvogel halten.

Doch je länger Paganini spielt, desto dämonischer wird seine Macht über seine Zuhörer. Wenn er zum Schluß in seinen Variationen auf der G-Seite alle Register seines unheimlichen Virtuosentums anklingen läßt, so bricht im Saal stets ein Toben aus, daß die Menschen über sich selbst erschrecken.

Trotz dreifach erhöhter Eintrittspreise sind seine Konzerte grundsätzlich immer ausverkauft. Paganini verausgabt sich bis an die Grenzen der Ohnmacht.

Schon bei seinem allerersten Konzert in Wien verstieg sich ein Kritiker allen Ernstes zu der Behauptung, er habe während der Hexen-Variationen den Teufel in Person neben dem Geiger auf dem Podium stehen sehen.

Sogar Heinrich Heine schrieb nach einem Konzertbesuch: »Ist er am Ende gar kein Lebender, sondern ein aus dem Grab auferstandener Vampir, der uns mit seinem Geigenspiel das Blut aus dem Herzen saugt?«

Und Franz Liszt, der von dem teuflischen Genie aus Genua so fasziniert war, daß er nach einem Paganini-Konzert von Nervenfieber geschüttelt wurde, war davon überzeugt, daß der Magier mit der Geige ein Dämon sei. Er glaubte nicht nur an den Klatsch, daß Paganini seine Geliebte ermordet habe, er beteiligte sich sogar lebhaft an der Verbreitung des Gerüchts, Paganini habe mehrere Jahre in einem finsteren Kellerverlies geschmachtet. Er habe sich dort eine Geige mit einer einzigen Saite gebastelt. Auf diese Art und Weise habe er die Zauberkünste auf der G-Saite erlernt. Liszt behauptete sogar, diese Geigensaite sei aus dem Darm des erdrosselten Mädchens gedreht worden.

Nur wenige Große sind gleichzeitig so gefeiert und geschmäht worden wie Paganini. Es gibt keinen Superlativ des Lobes, mit dem er nicht bedacht worden wäre. Und es gibt kein Laster und kein Verbrechen, das man ihm nicht zugetraut hätte. Wäre dieser Teufelsgeiger hundert Jahre früher zur Welt gekommen, so wäre er ganz ohne Zweifel öffentlich verbrannt worden. Man hielt ihn nicht nur für einen Mörder und Wüstling, der minderjährige Mädchen schändete, man bezweifelte sogar allen Ernstes, daß dieser Dämon ein Mensch sei.

Hierbei muß man sich vor Augen halten, daß dies nicht im finsteren Mittelalter geschah, sondern in aufgeklärter Neuzeit. Napoleon und Heinrich Heine waren Paganinis Zeitgenossen.

Schon nach seinen ersten Konzerten in Wien war die abergläubische Menge davon überzeugt, daß Paganini nicht von Menschen abstamme, sondern ein Satanssproß sei. Da das Gerücht nicht verstummen wollte und die Tollheit der Massen wie ein Fieberthermometer von Tag zu Tag höher kletterte, sah sich Paganini veranlaßt, einen Beweis für die Existenz seiner irdischen Mutter zu erbringen. Er ließ den folgenden Brief, den er vorgab, gerade von zu Hause erhalten zu haben, in verschiedenen Zeitungen veröffentlichen:

Teuerster Sohn!
Endlich, sieben Monate, nachdem ich meinen letzten Brief an Dich abgesandt, wird mir die Beruhigung zuteil, von Dir ein Lebenszeichen zu erhalten. Zu meiner größten Freude ersehe ich daraus, daß es Dir gutgeht, noch freudiger überrascht mich die Mitteilung, daß Du nach Deiner Londoner und Pariser Reise wieder nach Genua zurückkehren willst, um mich zu umarmen... Mein Traum ist Wahrheit geworden. Was der Himmel mir prophezeit hat, ist eingetreten: Du bist berühmt. Dein Name fliegt von

Mund zu Mund. Du wirst verehrt und geliebt. Von Deinen Triumphen las ich hier in den Zeitungen, und Du wirst verstehen, daß mich solche Nachrichten sehr glücklich machen. Im Namen aller Verwandten danke ich Dir für die übersandte Summe. Tue alles, was in Deinen Kräften steht, um unseren Namen unsterblich zu machen. Denke stets daran, daß Du eine Mutter hast, die Dich von Herzen liebt, die Deine Gesundheit und Dein Glück erfleht und ohne Unterlaß Gott darum anruft.

Deine Dir treu zugetane Mutter.

Genua, 21. Juli 1828.

Ein rührender Brief. Himmlische Prophezeiung unsterblichen Ruhmes. Der gute Junge schickt Geld nach Hause. Mutterliebe.

Dieser Brief aber ist eine geschmacklose Selbstbeweihräucherung, denn Paganini hat ihn selber verfaßt. Seine Mutter konnte gar nicht schreiben. Ein Brief an Germi vom 29. Juni 1821 beweist es: »Sag meiner Mutter, wenn sie aufgefordert wird wegen meiner Heiratsurkunde beim Notar zu erscheinen, so soll sie den Daumen ihrer rechten Hand verbinden, und wenn sie zur Unterschrift aufgefordert wird, so soll sie sagen, sie könne im Augenblick nicht schreiben, da ihr Finger verletzt sei.«

Es gibt eine ganze Reihe von Beispielen dafür, daß

Paganini es mit der Wahrheit nicht sehr genau nahm. Wenn es um seinen Vorteil ging, leistete er auch Meineide. Der folgende Fall beweist es:

Immer wieder tauchte das Gerücht auf, Paganini habe mehrere Jahre im Gefängnis verbracht, weil er seine Geliebte ermordet habe – erwürgt, vergiftet oder niedergestochen. Es gab verschiedene Varianten. Lithographien, die in ganz Europa im Handel waren, zeigten den Teufelsgeiger im Kerker und beim Meucheln. Wie sehr der pedantische Paganini unter diesen Mordgerüchten gelitten hat, vermag man erst dann richtig zu begreifen, wenn man sich die spießbürgerliche Moralauffassung seiner Zeit vor Augen hält. Paganini ließ nichts unversucht, um die dunklen Flecke aus seinem Leben zu tilgen. In Wien rief er den italienischen Botschafter zum Zeugen auf, der öffentlich erklärte, Paganini seit zwanzig Jahren als Edelmann zu kennen. In Paris wandte er sich in einem offenen Brief an Professor Fetis, den Herausgeber der ›Revue musicale‹, und versuchte, das Kerkergerücht ins Lächerliche zu ziehen.

Die Menschen schenkten ihm keinen Glauben. »Nichts als Sensationslust«, sagten seine Verteidiger. Aber war es wirklich nur Sensationslust?

Es ist eine nicht wegzudiskutierende Tatsache, daß in Paganinis Leben sechs Jahre fehlen. Dies ist um so auffälliger, als die übrigen Jahre lückenlos und detailliert belegt sind. Bei der fehlenden Zeit handelt es sich um jenen wilden Lebensabschnitt, der mit der Flucht aus dem Elternhaus beginnt und mit der festen Anstellung am Hof in Lucca endet.

Wo hat Paganini diese fehlenden sechs Jahre verbracht? Als er wieder auftauchte, hatte sein Geigenspiel jene Vollendung erreicht, die kein Sterblicher je wieder erlangt hat.

In seinem offenen Brief an Professor Fetis versuchte Paganini diese Jahre wegzumogeln, indem er seine Anstellung in Lucca, die in Wahrheit acht Jahre währte, nämlich vom September 1805 bis zum Mai 1813, auf sechzehn Jahre ausdehnte. Seine Schlußfolgerung, daß hiermit sein Lebenslauf lückenlos belegt sei und für Gefängnis keine Zeit übrigbleibe, ist in Wahrheit ein Beweis für seine Schuld, denn warum sonst sollte er lügen?

Ein Kenner seiner Lebensgeschichte, der Pariser Musikforscher und Bibliothekar G. E. Anders, meldete sich auch sofort zu Wort. In einem offenen Brief in der gleichen Zeitschrift vom 3. Mai 1831 wies er nach, daß die von Paganini angegebenen Daten nicht der Wirklichkeit entsprachen. Er forderte Paganini auf, endlich die Wahrheit zu sagen. »Wünschen Sie«, hieß es in diesem Aufruf, »daß diese üblen Gerüchte über Sie verstummen und daß jeder anständige Mensch dieses Gerede als elende Verleumdung verabscheue, so wählen Sie das leichteste und wirksamste Mittel: Erhellen Sie das Dunkel jener Jahre und entziehen Sie damit dem Geschwätz jeden Boden!«

Dieser Aufforderung ist Paganini nicht nachgekommen. Sein Schweigen und seine vorangegangenen Lügen wurden als das ausgelegt, was sie auch waren, nämlich als Schuldbekenntnis.

Paganini hat dieses Geheimnis mit ins Grab genommen. Doch noch als Toter büßte er für sein Schweigen. Der Bischof von Nizza verweigerte dem Sohn der Hölle ein Begräbnis in geweihter Erde. Aller Einspruch der Freunde half nichts. Selbst die weltlichen Gerichte bestätigten die kirchenfürstliche Verfügung. Paganini wurde einbalsamiert und im Keller des Sterbehauses aufbewahrt. Musikfreunde aus ganz Italien wallfahrten zum offenen Sarg des vergötterten Teufels. Der Zulauf nahm solche Ausmaße an, daß die Behörden die Schließung des Sarges erzwangen.

In einem unterirdischen Gewölbe des Lazarett de Villefranch wurde der Tote wie eine Ware eingekellert. Hier lag er noch vier Jahre nach seinem Tod. Dann wurde er zu seinem Landgut bei Genua gebracht und von dort 1845 zur Villa Gajone bei Parma transportiert. Doch hatte die Irrfahrt des Mannes, der nichts so sehr haßte wie das Umherreisen, noch kein Ende gefunden. Erst dreißig Jahre später kam aus Rom die offizielle Genehmigung, daß Paganini in geweihter Erde bestattet werden dürfe. Seitdem ruht er auf dem Friedhof von Parma.

Ich habe Ihnen die Lebensgeschichte eines der ungewöhnlichsten Menschen erzählt, die je unter der Sonne lebten. Nur wenige sind so vergöttert und verteufelt worden. Wie unermeßlich groß muß die Schuld dieses Mannes gewesen sein, daß man ihn selbst im Tode noch verfolgte.

Doch welche Schuld?

Vor Ihnen liegt die Akte Paganini.

Vielleicht gelingt Ihnen die Aufklärung dieses ungelösten Falles. Ihre erste Frage muß lauten:

Warum schwieg Paganini?

Wer schickte Tschaikowsky in den Tod?

Im Oktober 1893 reist Tschaikowsky nach Sankt Petersburg zur Uraufführung seiner soeben fertiggestellten Sechsten Sinfonie. Er befindet sich auf der Höhe seiner Schaffenskraft. Vielversprechend beginnen die Proben. Tschaikowsky dirigiert. Doch irgend etwas stimmt nicht. Was ist geschehen?

Sein Biograph Kurt Pahlen schreibt: »Tschaikowsky ist merkwürdig abwesend. Schauer überlaufen seinen Körper. Er versucht vergeblich, nur Dirigent zu sein. Er unterbricht, korrigiert, ist nicht bei der Sache. Manchmal scheint er den Musikern sagen zu wollen: Spielt mit Liebe, fühlt Ihr nicht, daß das mein Abschied ist, mein Abschied für immer? Tschaikowsky wirkt unendlich allein.«

Diese Schilderung muß uns aufhorchen lassen.

Der Meister ist im Oktober 1893 dreiundfünfzig Jahre alt, gesund und überschäumend von schöpferischer Energie. Seine Englandreise, von der er eben erst heimgekehrt ist, war ein Triumphzug. Die Londoner Oper hatte ihn gefeiert, wie nur wenige vor ihm. Die Universität von Cambridge verlieh ihm den Grad eines Ehrendoktors, Cambridge, die Königin der Universitäten!

An Bob Dawidow hatte er geschrieben: »Ich möchte Dir mitteilen, in welch angenehmer Stimmung ich mich befinde. Auf der Reise kam mir der Gedanke an eine neue Symphonie... Du kannst Dir nicht vorstellen, wie selig ich bin!« Er spürt: Das hier wird mein Lebenswerk.

Die Arbeit geht ihm »schnell und ungestüm von der Hand«. In weniger als vier Tagen beendet er den ersten Satz. »Auf Ehrenwort, ich war noch nie im Leben so zufrieden mit mir, so stolz, so glücklich...«, schreibt er seinem Verleger Jürgenson.

Und nun, bei der Verwirklichung seines Glückes, bei den Proben, ist er so deprimiert wie einer, der »Abschied nimmt für immer«.

Tschaikowsky ist nicht erfolglos, krank und vergiftet wie Mozart am Ende seines Lebens. Kein grauer Bote ist ihm erschienen. Und doch ist die Sechste Sinfonie sein Requiem. Die Menschen spüren es.

Was ist geschehen?

Endlich ist der Abend der Aufführung da. Das Theater ist ausverkauft. Festlich gekleidete Menschen entsteigen den vorgefahrenen Kutschen. Das Licht der Kronleuchter schimmert auf Perlen, Seide und warmer Haut. Uniformen, Pelze und Straußenfedern. Orden blitzen. Fächer kokettieren. Tschaikowsky erscheint, elegant wie immer, grüßt kurz, hebt den Taktstock... Wie der Schatten einer Wolke legt sich das dunkle Thema des Fagotts über die leuchtenden Streicherakkorde.

An den darauffolgenden Tagen leidet Tschaikowsky unter Depressionen. Er schließt sich ein, führt Selbsgespräche, weint, läuft in seinem Zimmer umher wie ein Gefangener. Augenzeugen berichten, er habe den Eindruck eines Menschen gemacht, der sich in auswegloser Lage befindet. Warum?

Die ›Pathétique‹ ist ein Erfolg gewesen. Sie wird ihn um Jahrhunderte überleben.

Er ordnet seine Papiere, liest in seinem Testament und benimmt sich wie jemand, der verreisen muß.

Ganz plötzlich erkrankt er an der Cholera. Seine Biographen berichten übereinstimmend, er habe ein Glas Wasser aus der Newa getrunken. Warum trinkt jemand Wasser aus einem schmutzigen, verseuchten Großstadtfluß?

Am 5. November abends beginnt der schmerzvolle Endkampf. Tschaikowsky ringt mit dem Tod.

> Pjotr Iljitsch Tschaikowsky,
> geboren am 7. Mai 1840 in Wotkinsk
> im Gouvernement Wjatka,
> Justizbeamter, Lehrer und Musiker

Sein Name wird der Nachwelt im Gedächtnis bleiben. Seine Musik wird weiterleben, vor allem seine Ballettmusik. ›Schwanensee‹, ›Dornröschen‹ und der ›Nußknacker‹ gehören zum klassischen Ballett wie die Newa zu Petersburg. Wir alle kennen diese Musik, aber wer kennt schon ihren Schöpfer?

Fast alles, was wir von diesem seltsamen Neurotiker wissen, ist falsch. Die Biographen des neunzehnten Jahrhunderts haben sein Abbild mit so viel Tünche versehen, daß von dem lebendigen Fleisch nur noch klassizistischer Gips übrigblieb. Die bürgerliche Moral erwartete von dem Tondichter der

›Pathétique‹ auch pathetische Größe ohne Perversion und Makel.

Bis zu seinem dreiundzwanzigsten Lebensjahr arbeitete Tschaikowsky als Schreiber in der Justizbehörde von Petersburg. Nichts wies zu diesem Zeitpunkt darauf hin, daß der blutarme, unscheinbare junge Mann im großen Rechnungssaal des hinteren Erdgeschosses einmal in die Musikgeschichte eingehen würde. Auffallend an ihm war vor allem seine Schüchternheit. Er litt an Minderwertigkeitskomplexen, stotterte, wenn man ihn ansprach, und wischte sich ständig den Schweiß von Stirn und Händen. Es gab wenig, vor dem er sich nicht fürchtete. Sein Nervenkostüm war von mimosenhafter Verletzlichkeit.

Er war acht Jahre alt, als seine Gouvernante Fanny Dürbach ihre Stellung im Hause Tschaikowsky kündigte. Viele verlieren in dem Alter ihr Kindermädchen. Für Peter Tschaikowsky war es der Weltuntergang. Nur mit ärztlicher Hilfe überlebte er. Vergessen hat er diesen ersten Abschied nie.

Als er vierzehn war, verlor er die Mutter. Sie starb an der Cholera. Noch Jahrzehnte später brach er beim Anblick ihres Bildes in Tränen aus. Noch fünfundzwanzig Jahre danach weinte er mehrere Tage hemmungslos, als ihm beim Aufräumen ein Bündel ihrer Briefe in die Hände fiel.

Seitdem war sein Verhältnis zu Frauen hoffnungslos gestört. Er verlobte sich mit der französischen Opernsängerin Désirée Artot und fand sie so lange bezaubernd, bis seine Freunde feststellten, daß ihr Ruhm den seinen in den Schatten stellen würde. Er fürchtete sich vor ihr und verschob die Hochzeit so lange, bis sie einen spanischen Bariton heiratete. Nun war er so verzweifelt, daß er sich das Leben nehmen wollte.

Fünf Jahre später – Tschaikowsky war inzwischen siebenunddreißig Jahre alt – heiratete er eine Schülerin vom Konservatorium. Iwanowa Miljubkowa war dumm wie ein Huhn und nervös wie ein Pferd. Obwohl sie am Konservatorium studiert hatte, interessierte sie sich nicht für Tschaikowskys Arbeit. Wenn ein Mann sie anschaute, fühlte sie sich unsittlich belästigt. Sie lebte ständig mit der Angst, vergewaltigt zu werden, schrie im Schlaf und wollte bei Tag und Nacht unterhalten werden. Bereits drei Monate vor der Hochzeit konnte er ihre Nähe nur noch mit einer Gänsehaut ertragen. Trotzdem heiratete er sie aus Mitleid, denn sie erinnerte ihn an die arme Tatjana aus Puschkins Novelle ›Eugen Onegin‹. Er liebte diese tragische Geschichte und verarbeitete sie sogar zu einer Oper, aber mit dem lebenden Vorbild kam er nicht zurecht. Er legte Geständnisse über Ehebrüche ab, die er nie begangen hatte, nur um sie zur Scheidung zu bewegen. Nichts half. Er plante ihren Mord und ging dann, weil er keiner Fliege etwas zuleide tun konnte, in einer Winternacht in das eiskalte Wasser der Moskwa. Der Mut zum Selbstmord fehlte ihm, aber er hoffte, eine Lungenentzündung zu bekommen. Es wurde nur ein Schnupfen.

Im Laufe der Jahre verwirrte sich ihr Geist immer mehr. Sie fürchtete sich jetzt nicht mehr vor Männern, sondern schlief mit ihnen. Sie betrog ihren Mann bei jeder Gelegenheit und gebar mehrere Kinder, über deren Vaterschaft man nur eines mit Sicherheit wußte, nämlich daß sie nicht von Tschaikowsky stammten. Trotzdem sorgte er wie ein Bruder für sie. Drei Jahre nach seinem Tod wurde sie in eine Irrenanstalt gebracht, wo sie noch zwanzig Jahre dahindämmerte.

Noch seltsamer als seine Ehe war Tschaikowskys Verhältnis zu Nadeschda Filaterowna von Meck. Sie war fast zehn Jahre älter als er und Mutter von elf Kindern. Als er sie kennenlernte, war er ein unbekannter, kleiner Komponist. Sie, Witwe eines Eisenbahnmagnaten, galt als eine der reichsten Frauen Europas. Sie schrieb ihm einen Brief: »...Ich will Ihnen nur sagen, und bitte Sie, mir zu glauben, daß Ihre Musik mir das Leben leichter und angenehmer macht.«

Vierzehn Jahre lang dauerte dieser Briefverkehr, doch haben sich die beiden »Liebenden« niemals gesehen. Sie lebten bisweilen in der gleichen Stadt, träumten davon, an einen gemeinsamen See zu ziehen, an einander gegenüberliegenden Ufern zu leben und zu wissen, daß der andere von ferne herüberschaue.

»Ich war in einem Konzert«, schrieb sie, »in dem ich Ihren Slawischen Marsch hörte. Ich kann das Empfinden nicht in Worten ausdrücken, das mich beim Hören umfing. Vor lauter Seligkeit traten mir die Tränen in die Augen. Ich war unsagbar glücklich, daß der Verfasser in gewissem Sinne mein sei, daß er mir gehöre und daß mir niemand dieses Recht rauben könne... In Ihrer Musik fließe ich mit Ihnen in eins zusammen. Verzeihen Sie diesen Wahnsinn. Von Ihnen erwarte ich nichts weiter als das, was ich jetzt schon habe, es sei denn eine kleine Formänderung: Ich würde wünschen, daß Sie ›Du‹ zu mir sagen, wie das unter Freunden üblich ist.«

Tschaikowsky antwortet. »Es würde mich verlegen machen, Sie mit dem vertraulichen ›Du‹ anzureden, es würde also eine Verlegenheit entstehen, die ich in unseren Beziehungen vermeiden möchte.«

Niemals in seinem ganzen Leben hat dieser Mann ein leidenschaftliches Wort der Liebe ausgesprochen. Dabei haben nur wenige Komponisten so ungehemmt sinnliche Musik verfaßt wie er. Alle Gefühle lebte er in der Musik aus. »Verrückt müßte man werden, wenn es keine Musik gäbe«, schrieb er an Frau von Meck. »Schon allein um der Musik willen lohnt es sich, auf Erden zu leben, denn vielleicht gibt es im Himmel keine Musik...«

Seine glücklichste Zeit erlebte er, als er nach vierjähriger Leidenszeit die Justizbehörde verließ, um nur noch der Musik zu leben. Die Tage verbrachte er im Konservatorium, und nachts improvisierte er verträumte Melodien in exklusiven Restaurants. Zwischendurch fand er sogar noch Zeit zu komponieren.

Als er das erstemal eines seiner eigenen Werke dirigierte, überfielen ihn wieder die alten Ängste. Er litt unter der Wahnvorstellung, sein Kopf löse sich vom Hals und rolle von den Schultern. Dieses Erlebnis stürzte ihn in so tiefe Depressionen, daß fast zehn Jahre vergingen, ehe er sich wieder an die Öffentlichkeit wagte, um ein Werk zu dirigieren. Ständig fürchtete er sich vor dem Sterben.

Er starb am 6. November 1893.

Bis in die Gegenwart wird berichtet, er sei an der Cholera gestorben. So steht es in allen Nachschlagewerken. Sie können es dort selbst nachlesen.

Das ist falsch.

Obwohl seit 1893 eine Menge unabgekochten

Wassers die Newa hinabgeflossen ist, läßt sich diese offizielle biographische Behauptung leicht entkräften, noch heute, nach neunzig Jahren.

Cholera ist eine sehr ansteckende Krankheit, die im alten Rußland häufig sowohl epidemisch als auch endemisch auftrat. Die Sterblichkeit liegt bei unbehandelter Cholera weit über fünfzig Prozent. Viele Menschen starben an dieser Geißel Gottes, auch Tschaikowskys Mutter war ihr zum Opfer gefallen. Bei schwachem Puls leidet der Kranke an heftigem Durchfall, Erbrechen und vermehrtem Wasserlassen. Entzündungen im Dünndarm und Kreislaufstörungen treten auf. Der Wasserverlust ist erheblich. Er liegt über einem Liter pro Stunde. Schon 1867 hatte der Breslauer Arzt Julius Cohnheim nachgewiesen, daß die Cholera durch Vibrionen verursacht wird, durch ansteckende Krankheitskeime, die größer als Bakterien sind. In allen uns bekannten Fällen wurden die Sterbehäuser unter Quarantäne gestellt und das Bettzeug verbrannt, nicht so beim Tod Tschaikowskys. Schon der russischen Musikwissenschaftlerin Alexandra Anatolyevna Orlova fiel auf, daß die Umstände beim Tod Tschaikowskys auffallend merkwürdig waren. Auch sie wunderte sich, daß das Haus nicht unter Quarantäne gestellt wurde. Sechzehn Menschen standen am Sterbebett, eine auffällig hohe Anzahl bei einer ansteckenden Krankheit, die in der Mehrzahl zum Tod führt. Die Bettwäsche wurde nicht verbrannt, sondern nur gewaschen. Die Leiche des Komponisten wurde nicht in einen versiegelten Bleisarg gebettet, wie es bei Cholera-Toten üblich war. Tschaikowsky wurde öffentlich aufgebahrt. Warum?

Er lag noch auf dem Sterbebett, da tauchte in der Petersburger Gesellschaft das Gerücht auf, Tschaikowsky habe Gift genommen. Das Verhalten der Hinterbliebenen spricht für diese Behauptung. Was war geschehen?

Die Antwort auf diese Frage finden wir in Tschaikowskys Tagebüchern: »Heute quält mich Z außergewöhnlich heftig«, heißt es da. »Mein Gott, wie ich leide, nicht so sehr unter dem Gefühl von Z, sondern vor allem wegen der Tatsache, daß es in mir existiert.«

Mit dem Buchstaben Z umschrieb er seinen homosexuellen Trieb, den er verzweifelt zu verbergen suchte. Aus Angst vor peinlichen Entdeckungen hielt er seine Verhältnisse mit Männern äußerst geheim. Er führte eine Scheinehe und korrespondierte mit einer Dame der Gesellschaft, aber sein Herz gehörte den jungen Männern, wie Wladimir Schilowsky, seinem Lieblingsschüler am Konservatorium, dem er zwei seiner frühen Klavierwerke widmete. Seine große Liebe jedoch war Wladimir

Dawidow, den er zärtlich Bobik nannte, und dem er die Sechste Sinfonie widmen sollte.

Unter den Knaben, denen er seine Gunst schenkte, befand sich auch der Neffe eines Fürsten, der sich schriftlich beim Zaren beschwerte. Alexandra Anatolyevna Orlova fand heraus, daß der Zar die peinliche Angelegenheit an den Generalstaatsanwalt Nicolai Yacobi weiterleitete.

Dieser Nicolai Yacobi war ein Studienfreund und »Chorbruder« Tschaikowskys. Die beiden so unterschiedlichen Männer hatten gemeinsam die Moskauer Universität besucht. Staatsanwalt Yacobi stand in dem Ruf, unbestechlich wie Granit zu sein. In den Augen Yacobis hatte Tschaikowsky mit seinen homosexuellen Verfehlungen die Ehre seiner ehemaligen Studienkollegen besudelt. Er berief ein Ehrengericht ein. Niemand hat je erfahren, was vor diesem Tribunal verhandelt wurde. Yacobis Frau Olga erinnerte sich später, daß Tschaikowsky bleich und bebend das Haus verlassen habe. Nach Jahren erfuhr sie von ihrem Mann, daß man dem Komponisten nahegelegt habe, aus dem Leben zu scheiden, bevor es zu Prozeß, Skandal und Gefängnis käme.

Nur wenige Tage später erkrankte Tschaikowsky. Den von Freunden herbeigerufenen Arzt ließ er nicht an sein Bett. Als den bereits Ohnmächtigen schließlich doch noch ein Mediziner untersuchte, war es bereits zu spät. Vier Stunden später war der Komponist der ›Pathétique‹ tot, gerichtet, wie das Gesetz der guten Gesellschaft es befohlen hatte.

Wenn wir in einer erst kürzlich erschienenen Tschaikowsky-Biographie lesen »wenige Wochen nach ihrem geliebten Freunde starb auch Nadjeschda... Innig verbunden flogen ihrer beider Seelen in die Ewigkeit«, so kann man eigentlich nur den Kopf schütteln. Wenn Tschaikowsky nach seinem Tode mit einer geliebten Seele vereint ist, so ist es die von Bobik.

In keiner anderen Kunstgattung findet man so viele Homosexuelle wie beim Ballett. Es ist ganz gewiß kein Zufall, daß Tschaikowsky vor allem durch seine Ballettmusik Unsterblichkeit erlangt hat. Nur ein Schwuler konnte ›Schwanensee‹ schreiben. Die ›Pathétique‹ aber bleibt für alle Zeiten die große homosexuelle Tragödie, selbst wenn auch heute noch so mancher Konzertkarten-Abonnent es nicht wahrnehmen kann oder wahrhaben will.

Am 23. Februar 1893 schrieb Tschaikowsky an seinen geliebten Bobik: »...die neue Symphonie hat einen programmatischen Inhalt, der allen ein Rätsel bleiben wird. Mögen sie selber dahinterkommen.«

Wer half Hector Berlioz?

Ist die Not am größten, ist Gott am nächsten.

Dieses Sprichwort sollte sich auf wunderbare Weise an Hector Berlioz erfüllen. Der französische Tondichter der ›Fantastique‹ gilt als Wegbereiter der symphonischen Programmusik. Er war ein geborener Romantiker und Träumer. Die ›Fantastique‹ beweist es. Doch selbst er vermochte das Wunder nicht zu begreifen, das ihm widerfuhr.

Nach dem skandalösen Durchfall seines ›Benvenuto Cellini‹ an der Pariser Oper war Hector Berlioz völlig verzweifelt. Er hatte alles hergegeben. Seine Geldmittel waren erschöpft. Er war in jeder Hinsicht am Ende, vernichtet.

Um ihn in seinem Elend zu ermutigen, hatten Freunde und Gönner ein Konzert organisiert, in dem er einige seiner letzten Kompositionen dirigieren sollte. Die Veranstaltung fiel aus, weil Berlioz nicht erschien. Ein zweiter Termin wurde angesetzt, fünf Tage nach seinem neununddreißigsten Geburtstag. Man schrieb den 1. Dezember 1838.

An diesem Tag geschah ein Wunder, von dem ganz Paris, nein, ganz Europa sprach. Janin hat die Vorgänge dieses Tages als Augenzeuge in seinem Tagebuch festgehalten:

»Berlioz dirigierte. Doch man brauchte ihn nur anzusehen, um sofort seine verzagte Mutlosigkeit zu erkennen. Das war nicht jener kühne Himmelsstürmer, der von seiner Estrade aus beim Getöse der Fanfaren die Zukunft zu erobern willens war, sondern ein Besiegter, einer der sich selbst aufgegeben hatte. Doch allmählich, bei den Klängen der ›Fantastique‹, jenes erschütternden Werkes, in das er alle Freude und Schmerzen geborgen, kehrte ihm der Lebensmut zurück, seine Augen füllten sich mit Tränen, sein Herz schlug höher, und die Zuhörer, gleich ihm ergriffen, spornten seine Kräfte immer stärker an.

Doch dies alles trat augenblicklich zurück vor einer überraschenden Erscheinung: In einer Ecke des düsteren Saales sah er einen schwarzhaarigen, allgemein als herzlos verschrienen Mann, der zu weinen schien. Wahrhaftig, er hatte dicke Tränen in den Augen. Sein eisiges Lächeln war verschwunden. Es war in der Tat Paganini, der hier seinen Gefühlen freien Lauf ließ.

Dieser Paganini ist ein seltsamer Mensch. Er ist das unlösbarste Rätsel, das sich jemals vor einem Publikum hat blicken lassen. Er hat eigentlich nichts Menschliches an sich. Sein langes knochiges und unordentlich mit schwarzen Haaren umrahmtes Gesicht kann kaum das Feuer bergen, das oft aus seinen mürrischen Augen zuckt, denen kein Mensch standzuhalten vermag. Man weiß, wenn man ihn sieht, nicht, ob er ein vom Tode Auferstandener ist, so sehr gleicht er Rembrandts vom Tode erwecktem Lazarus. Die Arme hängen zur Erde herab, und wenn man seine beiden Knochenhände mit ihren stahlharten Sehnen sieht, so kann man ahnen, durch welch aufreibende Kämpfe dieser Mann gegangen ist, um sich seine Geige zum Sklaven zu machen. Mir war Paganini immer unheimlich, ob er mit seinem verlegenen eisigen Lächeln das Publikum grüßte, oder ob er in phantastischer Laune drei Saiten seiner Violine zum Zerspringen brachte oder ob er sich frei und stolz seiner plötzlichen Inspiration überließ. Nichts und niemand hat je solchen Effekt hervorgebracht wie das Erscheinen dieses schwarzen Phantoms aus Genieland. Er besaß alle Eigenschaften eines Phantoms. Ausgelassenste Freude schlug bei ihm plötzlich in schmerzlichste Trauer um. Er irrte in verdunkelten Kutschen von einem Ende Europas zum anderen. Und wie sein Schatten folgte ihm ein Schwall von unheimlichen Gerüchten nach. Er war das Abbild des ewigen Juden, wie ihn uns Lewis vorgeführt hat. So zog er durch die Welt und hob goldene Schätze. Von den anderen Sterblichen war er durch eine unsichtbare Kluft getrennt, die niemand zu überspringen wagte.

Diesen Menschen, diesen wandelnden Schatten, entdeckte nun Berlioz in seinem Konzert in tiefster Ergriffenheit. Als das Stück beendet war, näherte sich Paganini unerwartet Berlioz und ließ sich in Gegenwart aller vor ihm auf die Knie fallen. Sprechen konnte er ja nicht mehr. Seine Stimme war bereits erloschen.

Und Berlioz? Er blickte verwirrt um sich, als ob ihn ein lügenhaftes Spiel umgaukelte. Alles schwand vor seinen Augen. Er sah Paganini zu seinen Füßen, und er war erschüttert.

Zum erstenmal haben wir begriffen, daß Paganini in der Tat ein Mensch wie andere ist, daß ihm wirklich ein warmes Herz im Busen schlägt, daß sein Auge weinen, seine Seele fühlen kann und daß an diesem Sonderling nichts übernatürlich ist als das Talent selbst. Von dieser Stunde an war Berlioz gerettet.

Die Hoffnung kehrte ihm wieder und damit das Selbstvertrauen. Wie ein Triumphator überschritt er eine Schwelle, der er vor wenigen Stunden als Verzweifelter den Rücken gekehrt hatte.«

Aber es sollte noch besser kommen. Am anderen Morgen wurde Berlioz ein Brief überbracht. Er öffnete und las:

Teurer Freund!
Nach Beethovens Tod konnte nur Berlioz sein unsterbliches Genie wieder erstehen lassen. Und ich, der ich Zeuge Eurer herrlichen Werke gewesen, halte es für meine Pflicht, Euch als Ehrengabe zwanzigtausend Franken anzubieten mit der Bitte, sie nicht abzuweisen.

Berlioz konnte es nicht fassen. Träumte er?
Doch nein, er sah es mit eigenen Augen: zwanzigtausend Franken! Gestern noch wußte er nicht, wovon er seinen Lebensunterhalt bestreiten sollte, und

plötzlich über Nacht war er reich und frei, um zu schaffen. Ein Wunder war geschehen, der Hexenmeister Paganini hatte es vollbracht.

In tiefster Ergriffenheit dankte Berlioz seinem Retter:

O würdiger und großer Künstler!
Wie soll ich meinen Dank in Worte fassen. Ich bin arm, aber die Anerkennung durch ein Genie wie das Eurige ist mir noch tausendmal teurer als die königliche Großmut Eures Geschenkes. Ich werde zu Ihnen eilen, sobald ich wieder das Bett verlassen darf, das ich heute noch hüten muß.

Zwei Tage später besuchte er seinen königlichen Retter. In einem Brief hielt er die Szene fest: »Ich traf ihn allein in einem großen Saal der Thermen. Du weißt, daß er seit Jahresfrist die Stimme verloren hat und daß man ihn ohne die Hilfe seines Sohnes kaum verstehen kann. Als er mich sah, stürzten ihm Tränen in die Augen. Ja, er hat geweint, dieser wilde Menschenfresser, dieser Frauenmörder, dieser freigelassene Galeerensträfling, und wie man ihn sonst noch zu nennen beliebt. Er vergoß heiße Tränen, als er mich umarmte. ›Sprechen Sie nicht davon‹, sagte er, ›ich verdiene keinen Dank. Ach, ich bin glücklich, wenn ich denke, daß dieses ganze Geschmeiß, das gegen Sie schreibt, jetzt nicht mehr so kühn wie vorher sein wird, denn man kann nicht sagen, daß ich nichts von Musik verstehe, und man weiß, daß ich nicht leicht zu begeistern bin.‹ Er trocknete die Augen, schlug mit einem seltsamen Auflachen auf den Tisch und begann eifrig zu sprechen, doch ich konnte ihn nicht mehr verstehen.«

Hector Berlioz schreibt in diesem Brief an seine Schwester weiter: »Ganz Paris spricht nur noch von diesem Ereignis, denn der arme Mann war wegen seines Geizes noch berühmter als wegen seines Talentes. Jeder sagte mir: Das ist ein Wunder! Das ist der unerhörteste Triumph, den die Kunst jemals davongetragen. Es ist einfach unglaublich!

Paganini aber ist in Kunstsachen edler und großdenkender als jeder andere. Davon gab er jetzt den Beweis.«

Berlioz fand wieder zu sich selbst. Er schuf seine große dramatische Symphonie ›Romeo und Julia‹ und widmete sie seinem Wohltäter Paganini.

Die lebenserfahrenen Pariser und alle, die Paganini kannten, waren nicht so leicht zu gewinnen wie Berlioz. Irgend etwas an der Geschichte stimmte nicht. Sie war zu schön, um wahr zu sein. Man erinnerte sich nur noch allzu gut an den hartherzigen Geizkragen Paganini. Fünf Jahre war es her, daß er hier in Paris während eines Zyklus von Konzerten in der großen Oper gebeten worden war, an einem Wohltätigkeitskonzert zugunsten der englischen Schauspielerin Harriet Smithson mitzuwirken. Alle bekannteren Künstler in Paris wie Liszt, Chopin und Berlioz boten bereitwillig ihre Hilfe an, um der einst so gefeierten Künstlerin, die unverschuldet in Not geraten war, zu helfen.

Nur Paganini schloß sich aus.

Die französische Zeitung ›L'Europe Littéraire‹ schrieb: »Paganini hat eine Gage von achthunderttausend Francs in England kassiert. Er ist mit seinem Bogen mächtiger als viele Herrscher mit ihrem Szepter. Die unglückliche Engländerin bittet ihn von ihrem Schmerzenslager aus um einen kleinen Gefallen, und Herr Paganini hat abgelehnt. Seine Devise lautet: Primo mihi: erst komme ich...«

Franz Liszt behauptete, Paganini sei erpreßt worden. Man habe ihm gedroht, ihn in Paris für alle Zeiten fertigzumachen, wenn er nicht zu dem Sühneopfer an Hector Berlioz bereit sei.

Bis in die Gegenwart behaupten Paganinis Verehrer: Was der arme unglückliche Mann auch tat, immer bemächtigte sich das Gerücht seiner und verzerrte alles ins Fratzenhafte.

Der wohl bekannteste Paganini-Biograph Julius Kapp schrieb: »Wo in diesem viel erörterten Vorfall die Wahrheit liegt, wird wohl nie einwandfrei klargestellt werden können.« Und er erwähnt, daß sich auch in Paganinis Nachlaß keine Aufzeichnung finden läßt, die einen Fingerzeig geben könnte. Aber gerade diese Tatsache ist ein wichtiger Hinweis. Denn es ist schon mehr als verdächtig, daß in dem berühmten »roten Büchlein« Paganinis, in das er alle noch so geringfügigen Ausgaben und Einnahmen verzeichnete, eine so ungeheure Summe, wie zwanzigtausend Franken, nicht erwähnt worden sind. Es gibt eine ganze Reihe von Eintragungen im Dezember 1838, lauter kleine Ausgaben. Es ist undenkbar, daß der in Geldangelegenheiten sonst so gewissenhafte Paganini eine Eintragung von zwanzigtausend Franken unerwähnt gelassen hätte, wenn sie aus seinem Konto geflossen wäre.

Aber er hat sie doch gezahlt. Hector Berlioz hat das Geld von Paganini erhalten. Daran ist nicht zu zweifeln. Was war an jenem 16. Dezember 1838 wirklich geschehen? Wer half Hector Berlioz?

Es existiert ein Brief von Paganini an das Bankhaus Rothschild mit der Aufforderung: »Ich bitte dem Überbringer dieses Schreibens, Herrn Hector Berlioz, die zwanzigtausend Franken auszuhändigen, die ich gestern bei Ihnen deponiert habe.«

Aus diesem Satz geht ganz klar hervor, daß die Spende an Hector Berlioz nicht aus Paganinis stets üppig gefülltem Bankkonto kam, sondern tags zuvor beim Bankhaus Rothschild eingezahlt worden war.

Wer hatte das Geld eingezahlt?

Madame Armand Bertin, deren Gatte als Verleger und Gönner von Hector Berlioz in die Musikgeschichte eingegangen ist, erzählte ihrem Lehrer Charles Hallé sieben Jahre nach dem Vorfall von dem wohlgehüteten Geheimnis: Ihr Mann hatte das Geld gespendet und Paganini für den gut vorbereiteten Theatercoup gewonnen. Der reiche Bertin hatte sich sehr richtig ausgerechnet, daß eine öffentliche Huldigung durch ein weltweit bekanntes Genie wie Paganini ungeheures Aufsehen erregen würde. Das Wunder unglaublichen Edelmuts war in Wirklichkeit einer der raffiniertesten Reklametricks des internationalen Showgeschäftes, an dem alle Beteiligten prächtig verdienten.

Hector Berlioz gewann Unsterblichkeit.

Bertin gewann als Verleger des neuen Genies ein Vermögen.

Paganini gewann zum erstenmal in seinem Leben nicht nur die Bewunderung seiner Zuhörer, sondern ihre Liebe und Sympathie.

In einem Zeitungsinterview gab er folgende Erklärung ab: »Ich tat es um Berlioz und um meinetwillen. Für Berlioz, da ich in ihm ein Genie erblicke. Und wenn man einmal meine musikalischen Verdienste aufzählen wird, so wird es nicht das geringste sein, als einer der ersten ein Genie erkannt zu haben, um es der Bewunderung seiner Mitwelt zu empfehlen.«

Das ist geschehen.

Wir aber empfehlen Ihrer Bewunderung: das unbekannte Genie Bertin, den Erfinder der Public Relation, der schon 1838 die Hollywood-Maxime erkannt hatte: Zum Star wird man nicht aus eigener Kraft, zum Star wird man gemacht.

Wie wurde die Duncan erdrosselt?

Frauen sind wie Bananen, leicht verdorben sind sie am leckersten. Dieser Satz könnte über dem wilden Leben der Isadora Duncan stehen. Sie war eine Appetit erzeugende exotische Frucht. Wenn sie von fast allen Schalen befreit in überfüllten Opernhäusern über die Bühne glitt, so leckten sich die Kavaliere die Lippen, und die Damen erröteten vor Neid.

Isadora Duncan war bereits emanzipiert, als noch niemand wußte, was dieses Wort bedeutete. Sie kam vom Ballett. Wie alle wilden Geschöpfe verabscheute sie jede Form von Fesseln. Die starre Disziplin der klassischen Tanztechniken empfand sie als einengende Korsettage, und da sie Kleidung nicht mochte, machte sie sich frei und schuf sich ihren eigenen unverwechselbaren Stil. Sie besaß die Anmut eines Vogels und die Faszination einer Schlange. Ihre fließenden graziösen Bewegungen als sinnliche Übersetzung großer klassischer Musik waren eine tänzerische Revolution ersten Ranges. Isadora Duncan verhalf dem modernen Tanz als neue seriöse Kunstform zu weltweiter Anerkennung.

Zunächst kleidete sie sich noch züchtig im Stil jungfräulicher römischer Vestalinnen. Doch im Frühjahr 1898 verlor sie bei einem Brand im New Yorker Waldorf Astoria Hotel ihre gesamte Garderobe. Bei ihrem Auftritt am anderen Abend erschien sie barfuß auf der Bühne. Als Behelfskostüm trug sie eine ungeheuer gewagte Improvisation aus durchsichtigem Gardinenstoff und wehenden Bändern, die mehr enthüllten als verdeckten.

Wer die Duncan kennt, weiß, daß das mit dem Hotelbrand nur ein verdammt guter Vorwand war, um endlich auch ihre Garderobe der neuen freien Tanzform anzupassen. Der Skandal wurde zum

Hohenlied der Pflichterfüllung. »Die Arme ist aufgetreten, obwohl sie alles im Feuer verloren hat«, schrieb ein Kritiker. »Ihr Gewand ist die Musik. Ein Schuft, wer Böses dabei denkt«, schrieb ein anderer.

Von nun an tanzte sie nur noch mit Gazeschleiern, die ihren nackten Leib wie Spinnweben umschmeichelten. Sie konnte es sich leisten, denn das war ihr Geheimnis: Sie wirkte erotisch, ohne obszön zu sein. Nur die Naivität strahlt jenen Zauber aus.

Ihre größten Triumphe feierte die junge Amerikanerin in Europa. In allen Hauptstädten der Alten Welt trat sie auf, wochenlang im voraus angekündigt. Die Menschen erschienen in Massen, um den Skandal mit eigenen Augen zu sehen. Man war schockiert, erregt und fasziniert, wenn sie Chopins Trauermarsch tanzte, barfuß und mit fast entblößten Brüsten.

Sie hatte so herrliche Beine, daß man sich zur Behauptung verstieg, das eine ihrer Beine sei ein Beweis für die Existenz des Paradieses und das andere ein Beweis für die Existenz der Hölle. Wahrscheinlich lag des Rätsels Lösung genau dazwischen in der Mitte. Denn Isadora schockierte nicht nur auf der Bühne. Sie bekannte sich offen zur freien Liebe und lebte auch danach. Wenn ihr ein Mann gefiel, so verbrachte sie mehrere Tage mit ihm im Bett, alles andere vergessend. Dem ungarischen Schauspieler Oscar Beregi erging es so. Sie verließ das Liebeslager nur für ihre Auftritte im Theater. Der Marathonbeischlaf mußte schließlich abgebrochen werden, weil sie beim Tanzen hinkte und breitbeinig über die Bühne stolperte.

Wenn sie mit einem Mann zusammen war, vergaß sie bisweilen sogar ihre Auftritte. Mit dem Bühnenbildner Gordon Craig schlief sie 1904 zwei Wochen lang auf ein paar Wolldecken, die in Craigs Studio auf dem Fußboden ausgebreitet worden waren. Die Nonstop-Orgie wurde nur durch kleine Imbisse unterbrochen, die sie sich durch Boten aus einem Restaurant kommen ließen. Ihr Manager Alexander Gross, der alle Veranstaltungen absagen mußte, suchte sie während dieser Zeit in ganz Paris. Um die Besitzer von bereits verkauften Theaterkarten zu beruhigen, ließ er in der Presse bekanntgeben, sie sei an schwerer Blinddarmreizung erkrankt. Neun Monate später wurde sie von ihrem Blinddarm entbunden. Isadora Duncan wurde sechsmal Mutter, ohne je mit einem Vater ihrer Kinder verheiratet gewesen zu sein. Sie trat auch noch auf, wenn man ihr die Schwangerschaft bereits ansah. Zwei Jahrzehnte lang war sie der verhätschelte Lieblingsstar der Gesellschaft. Selbst die amerikanischen Frauenvereine versuchten zu übersehen, daß dieses begabte Geschöpf keine besonders schwer zu nehmende Zitadelle der Keuschheit war. Sie verheizte Männer wie andere Holz.

Neben Tanz und Sex liebte sie nichts so sehr wie luxuriöse Autos. »Automobile erregen mich ungeheuer«, sagte sie zu ihrem Impresario. »Es gibt nichts aufregenderes als Sex in einem Bugatti Cabriolet bei laufendem Motor.«

Aber diese Liebe war nur einseitig. 1913 verlor sie durch einen ungewöhnlichen Autounfall ihre Kinder samt Kindermädchen. Auf nie geklärte Weise löste sich die Handbremse, und der gelbe Bugatti rollte rückwärts in die Seine, wo er vor ihren Augen in den Wellen versank. Die Welt trauerte mit ihr.

Erst 1922, als sie schon über vierzig war, wurde sie sich selbst untreu und heiratete einen siebzehn Jahre jüngeren russischen Dichter. Isadora übernahm seine Begeisterung für die Oktoberrevolution und bekannte sich offen zum Kommunismus. Sie trug von nun an bei jedem ihrer Auftritte einen roten Schal, mit dem sie ihrem Publikum zuwinkte. Ihre sexuellen Eskapaden hatte das puritanische Amerika ertragen, aber ihre atheistischen Äußerungen erzeugten eine Welle der Empörung. Der einflußreiche Prediger Billy Sunday organisierte einen öffentlichen Kreuzzug gegen sie. Er beschimpfte sie als kommunistisches Flittchen, dessen Kleider nicht ausreichen, um eine Krücke zu polstern. Er nannte sie eine sittenlose rote Hure, die man an ihrem Schal aufhängen solle. Der Bürgermeister von Indianapolis drohte ihr mit Gefängnis, falls sie die Stadt betreten sollte. Ihre Auftritte in Amerika gestalteten sich immer mehr zu katastrophenartigen Tumulten. Von ihren Verehrern verlassen und begleitet von ihrem halbstarken Ehemann Sergej zog sie von Hotel zu Hotel, und alle mußten sie immer nach wenigen Tagen wieder verlassen, weil Sergej sich wie eine Axt im Walde benahm. Er war ein Alkoholiker, der im Vollrausch alles zerschlug, was ihm in den Weg kam, Möbel, Fensterscheiben und Menschen. Er torkelte nackt durch die Hotelflure und verschenkte ihr Geld im Namen der russischen Revolution.

Isadora Duncan floh nach Europa, wo sie sich ein Comeback erhoffte. Es ging ihr nicht gut, und wenn sie jetzt mit einem Mann schlief, nahm sie Geld.

Beim Einsteigen in ihren Bugatti warf sie sich den roten Schal um den Hals. Die Pose war unnachahmlich. Sie winkte den Menschen zu, die sich um ihr Auto geschart hatten. Hier in Frankreich war sie noch wer. Man hatte sie nicht vergessen. Alles würde wieder gut werden. Sie stand am Anfang einer neuen Karriere. Der Wagen fuhr an, und – die Menschen sahen es mit Entsetzen – der Schal verfing sich in den Speichen des rechten Hinterrades. Isadora Duncan wurde erdrosselt.

Neben dem Tanz hat diese Frau nichts so sehr geliebt wie Männer, Autos und ihren roten Schal als Wahrzeichen ihrer revolutionären Gesinnung. Aber gerade das, was sie am meisten liebte, wurde ihr am Ende zum Verhängnis. Nicht nur Männer wie Billy Sunday zerstörten ihre Karriere, sondern auch, und vor allem, ihr eigener Ehemann, der sie finanziell und gesellschaftlich ruinierte. Ihre geliebten Automobile wurden zu Mordwerkzeugen. Der rote Schal brach ihr im doppelten Sinn des Wortes das Genick.

Wie hatte Billy Sunday gesagt: Die rote Hure sollte man mit ihrem Schal erdrosseln!

Die Eingeborenen Afrikas glauben, daß man einen Menschen mit einem Fluch töten kann. Vielleicht haben sie recht.

E. W. Heine
im Diogenes Verlag

Wer ermordete Mozart?
Wer enthauptete Haydn?
Mordgeschichten für Musikfreunde
Leinen. Auch als detebe 21437

New York liegt im Neandertal
Bauten als Schicksal. Leinen

Wie starb Wagner? Was geschah mit
Glenn Miller?
Neue Geschichten für Musikfreunde. Leinen

Kuck Kuck
Noch mehr Kille Kille Geschichten
Leinen

Kille, Kille
Makabre Geschichten
detebe 21053

Hackepeter
Neue Kille Kille Geschichten
detebe 21219

Nur wer träumt, ist frei
Eine Geschichte. detebe 21278

Henry Slesar
im Diogenes Verlag

Die besten Geschichten von Henry Slesar
Herausgegeben von Anne Schmucke
Diogenes Evergreens

Coole Geschichten für clevere Leser
Aus dem Amerikanischen von Thomas Schlück
detebe 21046

Fiese Geschichten für fixe Leser
Deutsch von Thomas Schlück
detebe 21125

Schlimme Geschichten für schlaue Leser
Deutsch von Thomas Schlück
detebe 21036

Das graue distinguierte Leichentuch
Roman. Deutsch von Paul Baudisch und Thomas Bodmer
detebe 20139

Vorhang auf, wir spielen Mord!
Roman. Deutsch von Thomas Schlück
detebe 20216

Erlesene Verbrechen und makellose Morde
Geschichten. Deutsch von Günter Eichel. Vorwort von
Alfred Hitchcock. Zeichnungen von Tomi Ungerer
detebe 20225

Ein Bündel Geschichten für lüsterne Leser
Deutsch von Günter Eichel. Vorwort von Alfred Hitchcock.
Zeichnungen von Tomi Ungerer
detebe 20275

Hinter der Tür
Roman. Deutsch von Thomas Schlück
detebe 20540

Aktion Löwenbrücke
Roman. Deutsch von Günter Eichel
detebe 20656

Ruby Martinson
Geschichten vom größten erfolglosen Verbrecher der Welt
Deutsch von Helmut Degner
detebe 20657

Böse Geschichten für brave Leser
Deutsch von Christa Hotz und Thomas Schlück
detebe 21248

Loriots Werke im Diogenes Verlag

Loriots Großer Ratgeber
500 Abbildungen und erläuternde Texte geben Auskunft über alle Wechselfälle des Lebens. Leinen

Loriots Heile Welt
Neue gesammelte Texte und Zeichnungen zu brennenden Fragen der Zeit. Leinen

Loriots Großes Tagebuch
Intime Betrachtungen über wichtige Persönlichkeiten unserer Zeit, ergänzt durch Kommentare zum alltäglichen Leben des kleinen Mannes. Leinen

Loriots Dramatische Werke
Texte und Bilder aus sämtlichen Fernsehsendungen von Loriot. Leinen

Möpse und Menschen
Eine Art Biographie. Leinen

Szenen einer Ehe
Diogenes Evergreens

Wum und Wendelin erzählen Euch was
Eine Auswahl für Kinder aus ›Loriots Wum und Wendelin‹. kinder-detebe 25027

Loriots Kleine Prosa
Mit vielen Zeichnungen des Verfassers
detebe 20013

Loriots Tagebuch
Zeitgeschehen von Meisterhand
detebe 20114

Loriots Kleiner Ratgeber
Korrektes Verhalten in allen Lebenslagen
detebe 20161

Loriots Kommentare
zu Politik, Wirtschaft, Kultur und Sport
detebe 20544

Herzliche Glückwünsche
Ein umweltfreundliches Erzeugnis
detebe 20943

Der gute Ton
Das Handbuch feiner Lebensart
Diogenes Evergreens. Auch als detebe 20934

Für den Fall . . .
Der neuzeitliche Helfer in schwierigen Lebenslagen. Diogenes Evergreens
Auch als detebe 20937

Der Weg zum Erfolg
Ein erschöpfender Ratgeber
Diogenes Evergreens. Auch als detebe 20935

Auf den Hund gekommen
44 lieblose Zeichnungen mit einem Geleitwort von Wolfgang Hildesheimer
detebe 20944

Umgang mit Tieren
Das einzige Nachschlagewerk seiner Art
detebe 20938

Wahre Geschichten
erlogen vom Verfasser. detebe 20936

Der gute Geschmack
Erlesene Rezepte für Küche und Karriere
Diogenes Evergreens. Auch als detebe 20940

Nimm's leicht!
Eine ebenso ernsthafte wie nützliche Betrachtung. Diogenes Evergreens
Auch als detebe 20939

Neue Lebenskunst
in Wort und Bild. Diogenes Evergreens
Auch als detebe 20941

Menschen, die man nicht vergißt
Achtzehn beispielhafte Bildergeschichten
Diogenes Evergreens. Auch als detebe 20942

Loriots mini Ratgeber
Im mini-Format passend für jede Lebenslage und jede Tasche. mini-detebe 79036

Loriots ganz kleine heile Welt
Ein Westentaschen-Almanach
mini-detebe 79037

Loriot's Film Festival
Super Pocket Cinemascope
Daumenkino in 11 Bänden

Odyssee im Weltraum
mini-detebe 79401

Vom Winde verweht
mini-detebe 79402

Lohn der Angst
mini-detebe 79403

Manche mögen's heiß
mini-detebe 79404

Der dritte Mann
mini-detebe 79405

Endstation Sehnsucht
mini-detebe 79406

Schwarzwaldmädel
mini-detebe 79407

Dr. Jekyll und Mr. Hyde
mini-detebe 79408

Ein Amerikaner in Paris
mini-detebe 79409

Casanova
mini-detebe 79410

Krieg und Frieden
mini-detebe 79411

Fußballfieber
Loriot's Daumenkino zur Fußballweltmeisterschaft. mini-detebe 79413

Von Loriot illustriert:

Kinder für Anfänger
Kein Leitfaden von R. G. E. Lempp
detebe 20667

Eltern für Anfänger
Eine Verständnishilfe von R. G. E. Lempp
detebe 20668

Die Ehe für Anfängerinnen
Wie man einen Ehemann erzieht, erläutert von Hans Gmür. detebe 21004